嗨，别担心

你可以战胜愤怒

边玉芳 主编

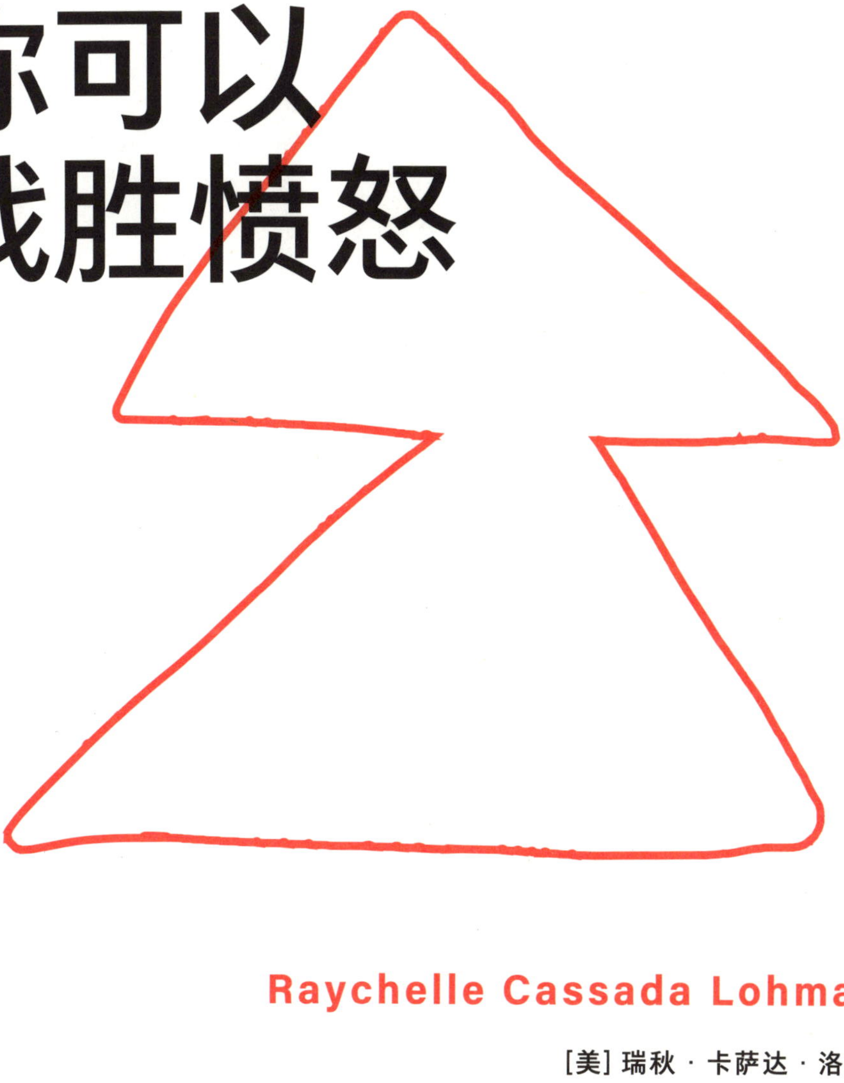

Raychelle Cassada Lohmann

[美] 瑞秋 · 卡萨达 · 洛曼 著

边玉芳 曾毅 译

CTS 湖南教育出版社
·长沙·

著作权所有，请勿擅用本书制作各类出版物，违者必究。

图书在版编目（CIP）数据

你可以战胜愤怒 /（美）瑞秋·卡萨达·洛曼著；边玉芳，曾毅译. —长沙：湖南教育出版社，2024.4
（嗨，别担心）
ISBN 978-7-5539-9865-7

Ⅰ. ①你… Ⅱ. ①瑞… ②边… ③曾… Ⅲ. ①情绪-自我控制-青少年读物 Ⅳ. ①B842.6-49

中国国家版本馆CIP数据核字（2024）第083910号

THE ANGER WORKBOOK FOR TEENS: ACTIVITIES TO HELP YOU DEAL WITH ANGER AND FRUSTRATION(SECOND EDITION) BY RAYCHELLE CASSADA LOHMANN

Copyright © 2019 BY RAYCHELLE CASSADA LOHMANN
This edition arranged with NEW HARBINGER PUBLICATIONS through BIG APPLE AGENCY, LABUAN, MALAYSIA.
Simplified Chinese edition copyright: 2024 Hunan Education Publishing House
All rights reserved.

湖南省版权局著作权合同登记章字：18-2023-281号

NI KEYI ZHANSHENG FENNU

你可以战胜愤怒

出 版 人：刘新民	策划编辑：陈慧娜
责任编辑：陈慧娜	特约编辑：胡　晓
封面设计：凌　瑛	
出版发行：湖南教育出版社（长沙市韶山北路443号）	
电子邮箱：hnjycbs@sina.com	
网　　址：www.jiaxiaoclass.com	
微 信 号：家校共育网	客服电话：0731-85486979
经　　销：全国新华书店	印　　刷：湖南省众鑫印务有限公司
开　　本：710 mm×1000 mm　1/16	
印　　张：13.5	字　　数：150 000
版　　次：2024年4月第1版	印　　次：2024年4月第1次印刷
书　　号：ISBN 978-7-5539-9865-7	
定　　价：54.00元	

本书若有印刷、装订错误，可向承印厂调换。

译者序

青少年是儿童向成人角色转变的关键过渡阶段，个体在这一阶段会经历生理、认知和社会性等多方面的发展，对于个体价值观的形成和人生的塑造具有重要的意义。在影响个体成长与发展的众多因素中，心理因素以其不易觉察的隐蔽性、易于波动的敏感性，以及能够决定所有外部因素作用于个体的最终形式的重要性，成为需要特别关注的重要方面。然而，近几年我国青少年的心理健康状况不甚乐观，引发全社会的广泛关注。据估计，全世界有10%~20%的青少年存在心理健康问题，约50%的心理健康问题在青少年时期加剧，若不及时干预，其影响往往会持续到成年阶段。而《中国国民心理健康发展报告（2021—2022）》显示，约14.8%的青少年存在不同程度的抑郁风险，其中4.0%的青少年属于重度抑郁风险群体；《2022年国民抑郁症蓝皮书》也显示，抑郁症发病群体呈年轻化趋势，18岁以下的抑郁症患者占总人数的30%，50%的抑郁症患者为在校学生。抑郁以外，焦虑、成瘾、学习困难、情绪障碍、品性障碍、自残自伤、虐待及霸凌等个体的内外化问题，也都会造成严重的心理健康问题及相关后果，需要引起教育行政部门、学校、家长及青少年自身的高度重视。

这几年，我国政府从国家战略的高度来关注学生身心健康问题。

2023年4月，教育部、国家卫生健康委等十七部门联合印发《全面加强和改进新时代学生心理健康工作专项行动计划（2023—2025年）》，特别提出要全方位开展心理健康教育，组织编写大中小学生心理健康读本，扎实推进心理健康教育普及。为切实回应党和国家的号召，关注社会需求，我们一直将儿童青少年的心理健康作为研究的重要议题，这次我们很高兴应湖南教育出版社的邀请，翻译这套引进自美国New Harbinger Publications公司的青少年心理自助系列图书（Instant Help），向青少年、家长及教育工作者科普相关主题的心理健康知识，以期支持青少年个性、情感、社会适应能力等方面的发展，最终形成健康的自我、丰富的个性和正向的价值观，为全面加强和改进新时代青少年心理健康工作添砖加瓦。

New Harbinger Publications自创立以来的40年间一直是普及心理健康知识、推广积极生活方式、促进个体幸福感提升的重镇。该出版公司致力于邀请经验丰富的从业人士撰写基于实证研究和临床验证的书籍，同时也注重简明扼要、易于操作、切实解决读者面临的真实问题。Instant Help Books是一家专门为儿童青少年以及家长提供心理类自助手册的出版公司，在行业内处于龙头地位，在2007年被New Harbinger收购。该品牌已成为认知行为疗法（CBT）"第三次浪潮"的代表，系列书籍使用接受承诺疗法（ACT）、辩证行为疗法（DBT）和正念减压疗法（MBSR），将传统认知行为疗法技术与正念和接受等其他方法相结合，用最先进的理念和手段向青少年传授行之有效的技能，以帮助他们应对来自父母、学校、社会甚至是他们自己的各种困境。截至目前，该系列已出版50多本著作，主题涵盖焦虑、抑郁等心理障碍临床表现，离婚、社交媒体等触发情境及因素，自我关怀、自信等自我探索与发展方面，以及正念、行动思维等帮助提升幸福感、保持身心健康的技能与手段等。该系列图书不仅能够帮助青少年应对危机、健康成长，也得到了家长、咨询师、治疗师、学校教师和辅导员的一致好评与推荐，其中多本手册再版，并被译作各种语言销往世界各地。

我们精心挑选了其中的 8 本图书引进到国内出版，涵盖目前我国青少年心理健康需要特别关注的 8 个方面，包括抑郁、焦虑、愤怒等情绪的调节，社交、父母离异等问题的应对，自伤自残现象的处理，自尊与自我价值的确立等。我第一次阅读出版社提供给我的原稿，就特别喜爱，认为对促进我国青少年心理健康是十分有帮助的。

受邀以来，我们遴选多名文字功底好、治学严谨、认真负责的青年教师和研究生承担翻译、校对等工作，最后由我本人对这些翻译稿进行统校。在翻译过程中，我们秉持客观准确反映原作观点的基本原则，致力于提高文本的实用性和可读性，使其真正服务于我国广大青少年，为他们排忧解难；同时，兼顾家长、校长、班主任和辅导员等群体，将本书打造为解决青少年常见心理问题的操作指南。

最后，我要由衷感谢湖南教育出版社以及陈慧娜、姚晶晶、张件元、陈逸昕、胡晓、崔沛源等各位编辑老师，感谢你们的慧眼和信任，让我们有机会翻译这么好的一套书，感谢各位编辑老师事无巨细的翻译指导和高质量编校。同时我要感谢参与本次翻译的各位成员努力与严谨的工作，他们是梁丽婵、刘昊林、蒋柳青、丁振、庄瑞雪、李海燕、黄婉婉、曾毅，正是大家的共同努力才使这么好的一套书能在较短时间内面世。

衷心盼望本书能够成为我国推进青少年心理健康教育的工具书！盼望每一个青少年能以乐观、积极、阳光的心态面对充满希望的人生！

边玉芳

2023年12月26日于北京

推荐序

如果你拿起了这本书，那就表明你现在很可能需要一些方法来帮助你管理自己的愤怒情绪，抑或是某个关心你的人认为这本书能帮助到你。不管怎样，这是值得的。青少年阶段是人生中一个很艰难的时期，我猜你会遇到很多令你感到生气的事情。情境性愤怒——这是一种当糟糕的事情发生时所出现的，然后又慢慢消退的愤怒——是很正常的现象。事实上，这常常也是种健康、必要和适当的反应。然而，当愤怒让你退缩，让你和其他人感到害怕，并且让你失去控制时，冷静下来，弄清楚发生了什么以及为什么会这样是非常重要的。这也是你应该做的。

本书是一个很有效的工具，它能帮助你深入了解自己为何会如此生气，以及自己应该如何应对愤怒情绪。了解愤怒的根源是消除愤怒情绪的关键。如果你肯花时间阅读这本书，并坦诚地面对自己，那么你就会对此有更多的了解。例如，你将了解到什么事物会诱发你的愤怒，什么事物能让你冷静下来，什么应对技巧最适合你，以及如何降低你反应的强度。

作为一名学校心理咨询师，我也用这本书辅导过许多青少年。我清楚地记得，我有一个学生经常因为课上突发的愤怒情绪而被赶出教室。于是，我运用这本书中的内容，和他一起完成了许多与愤怒情绪相关的活动。在这个过程中,他逐渐意识到,他的父亲也会在无法掌控情况时产生暴怒情绪。他还意识到,在学校里,当他感到难堪时,或当他觉得别人对自己的情感不屑一顾时,他便很容易产生愤怒情绪。这本书教会了他在各种情况下应对愤怒的许多技巧。此外,他也明白了,了解自己愤怒的诱因,能帮助他学会以一种良好的心态和健康的应对方式来处理自己的愤怒情绪。

愤怒不会阻碍你前进的脚步。学会如何重新掌控自己的情绪,对年轻人来说是一个重要的机遇。我希望你们能从这本书里得到自己所需要的东西。你也值得拥有这些。

茱莉亚·V.泰勒(Julia V. Taylor, PhD)

前言

亲爱的读者：

你是否经常因为被愤怒控制而备受困扰？你是否对自己的某些过激行为感到后悔？你的愤怒是否会给你所关心的人带来麻烦？你是否讨厌被愤怒控制的自己？如果你对以上任何一个问题的回答是肯定的，那么，本书就是为你量身打造的。这本书融合了心理咨询领域最新的研究成果和相关的技术，以帮助你正确地处理愤怒和沮丧的情绪。

首先，你需要明白，愤怒是人类与生俱来的一种情绪，只是每个人应对它的方式不同而已。有的人压抑自己的愤怒，让其不断积累；有的人用伤人的话语来发泄；有的人选择诉诸争斗；而有些人则索性直接大发雷霆。无论你怎样应对这种情绪，你打开这本书都是因为你或关心你的人认为你在应对愤怒情绪方面需要一些帮助。

你并不是孤身一人。因为有数以百万计的青少年像你一样，也是愤怒情绪的受害者。愤怒控制了他们的行为，也破坏了他们的人际关系，并让他感到无法控制自己的生活。当然，他们可以重新获得情绪的控制权，你也可以。

本书中的活动将帮助你聚焦令自己愤怒的事物，教你处理受挫的情景，并帮助你学会用不同方式，冷静、客观地与自己的愤怒互动，并学会如何以正确的方式来表达你的感受。

改变是一个过程，你需要时间和耐心将自己学到的一些技能付诸实践。事实上，有时你在完成这本书中的某一个活动时就会感到愤怒，这很正常。因为这是你第一次把愤怒放在显微镜下，并仔细分析它的每一个细节。最终，你会更加关注自己的行为，并认识到你在生活中需要努力改进的地方。

如果你能坚持读完这本书并完成相关的活动练习，你的愤怒情绪就会消退。这本书中的活动练习是按顺序依次呈现的——也就是说，你可以学会使用一些技巧来帮助你管理自己的愤怒情绪。这就是为什么完成书中所有的活动是很重要的。当你完成这些活动时，你会因为自己所发生的改变而充满信心和力量。做出改变并不容易，但有了正确的方法和积极的心态，你就能做到！让我们开始吧！

祝你成功！

瑞秋·卡萨达·洛曼

目录

CHAPTER 1 认识和理解愤怒

活动 01	什么是愤怒？	002
活动 02	愤怒流言终结者	007
活动 03	你的愤怒自画像	012
活动 04	"愤怒"日志	018
活动 05	了解你的家庭模式	022
活动 06	身体对愤怒的反应	027
活动 07	测量你的愤怒值	032
活动 08	识别触发你愤怒的原因	038

CHAPTER 2 愤怒的动力

活动 09	战斗、逃跑或僵住	044
活动 10	情绪与感受	050
活动 11	伪装大师	057
活动 12	观察你的想法	061
活动 13	扭曲的想法	064
活动 14	愤怒的 ABC 模型	069
活动 15	愤怒的发展阶段	072
活动 16	权衡你的选择	077

CHAPTER 3 沟通的技巧

活动 17	同样的事情，不同的看法	082
活动 18	非言语交流	087
活动 19	认真倾听	091
活动 20	言语的重要性	096

活动 21	反应"过滤器"	102
活动 22	社交媒体与愤怒	107
活动 23	批评与赞美	113
活动 24	变得自信果敢	116

CHAPTER 4 处理你的愤怒情绪

活动 25	保持洞察	124
活动 26	了解真相	128
活动 27	处理冲突	132
活动 28	建设性地处理愤怒	138
活动 29	对自己的行为负责	143
活动 30	让自己远离愤怒	147
活动 31	利用愤怒获得积极的效果	152

CHAPTER 5 愤怒的应对机制

活动 32	最重要的事情	158
活动 33	放松的技巧	162
活动 34	心灵港湾	167
活动 35	象征性地发泄愤怒	170
活动 36	愤怒发泄口	174
活动 37	愤怒与运动	178
活动 38	创造性地表达愤怒	182
活动 39	笑对愤怒	188
活动 40	自由写作	191

结语

| 活动 41 | 回顾你的进展 | 196 |
| 活动 42 | 成就证书 | 200 |

CHAPTER
1

认识
和理解愤怒

活动 | CHAPTER 1 | 认识和理解愤怒

01 什么是愤怒？

> **你需要知道的**
>
> 愤怒是大多数人都体验过的正常情绪，只是人们表达愤怒的方式各不相同。为了回答"什么是愤怒"，你必须亲自探索愤怒与你体验过的其他情绪有何不同，并搞清楚它是如何控制你的感受和行为的。

愤怒与其他情绪（如快乐、悲伤或恐惧等）截然不同。如果要你描述愤怒，你可能会使用下面这些词语：

- 激烈
- 攻击
- 焦虑
- 烦恼
- 厌恶
- 嫉妒

- 挫败
- 暴怒
- 不悦
- 暴躁
- 憎恨
- 敌意

- 激怒
- 恼怒
- 疯狂
- 愤慨
- 狂暴

要回答"什么是愤怒",首先,你需要用语言来表达你愤怒的感受,然后探究这些感受的强度是如何变化的。理解愤怒还需要你探究自己的行为是如何随着愤怒强度的变化而变化,例如,一个充满敌意的人会比一个沮丧的人更容易生气。大多数人从来都没有停下来思考过如何用语言来描述自己的愤怒,以及这些语言是如何根据他们情绪强度的变化而变化的。如果他们这样做了,他们便会发现自己的愤怒程度和自己感受到的情绪强度之间的关系。

你需要做的

回答下面的题目，同时在心里默默地问自己：**什么是愤怒？是什么让愤怒与我所体验到的其他情绪感受不同？**

● 你认为什么是愤怒？
_____
_____

● 请写下至少十个词来描述你的愤怒情绪，并至少圈出五个代表你最强愤怒程度的词语。
_____
_____

请在下面写出你圈出的五个词，然后描述当你体验到每个词所代表的愤怒情绪时的感受，并在相应的横线上将这些词语从 1（高强度）～ 5（低强度）进行评级。最后，请写下这些情绪感受在你生活中出现的频率，比如经常、有时或者很少。

词语：_____
描述：_____
强度等级：_____

发生频率：_____

词语：_____
描述：_____
强度等级：_____
发生频率：_____

词语：_____
描述：_____
强度等级：_____
发生频率：_____

词语：_____
描述：_____
强度等级：_____
发生频率：_____

词语：_____
描述：_____
强度等级：_____
发生频率：_____

你还可以做得更多

我们用语言来表达自己的感受。不同的情绪与不同的词汇是联系在一起的，就像你在上一个部分所做的那样，创建一个包含其他情绪的词汇表，比如喜悦、悲伤和恐惧，并解释这些情绪与愤怒的区别。

● 喜悦：_____

_____

_____

● 悲伤：_____

_____

_____

● 恐惧：_____

_____

_____

活动 | CHAPTER 1 | 认识和理解愤怒

02 愤怒流言终结者

> **你需要知道的**　关于愤怒有许多流言。这些流言与成见弊大于利，因为它们增强了人们对愤怒的刻板印象。这也是为什么打破成见，了解愤怒背后的真相是很重要的。

愤怒是有史以来最神秘的情绪之一。纵观历史，人们一直试图去理解这种情绪。从神圣卷轴（传说是一套著于约3600年前的宗教著作）到希腊神话，愤怒一直与厄运之神甚至恶魔的财宝联系在一起。很不幸，关于愤怒的流言可能是很危险的，因为这可以成为一些不良行为的借口，并让人们相信他们是无法做出改变的。

你需要做的

是事实还是流言？我们可以通过下面的练习来终结关于愤怒的流言。

阅读下面的语句，在你认为是事实的前面标上"F"，在你认为是流言的前面标上"M"。

_____ 1. 处理愤怒的最好方法是发泄或表达出你所感到愤怒的事物。

_____ 2. 愤怒是不健康的，可能会导致健康问题。

_____ 3. 愤怒是遗传性的，所以永远不会发生改变。

_____ 4. 愤怒总是有所帮助的。

_____ 5. 愤怒是一种可以促成积极改变的情绪。

_____ 6. 愤怒只是由人所引起的。

_____ 7. 愤怒总是要向外发泄的，因为你不可能总把它憋在心里。

_____ 8. 愤怒是无法控制的。

_____ 9. 愤怒是一种可以损耗和控制一切的情绪。

_____ 10. 愤怒与攻击是不同的。

答案附在该章节的末尾。

你还可以做得更多

在大约公元 44 年，罗马哲学家卢修斯·塞内加 (Lucius Seneca) 发表了著作《愤怒》*(De Ira)*，这是最早的关于如何控制愤怒的文章之一。在该文章中，塞内加提出了一些缓解愤怒情绪的技巧，比如听舒缓的音乐，观察自己愤怒时的言行举止，以及关注那些引起愤怒的事件等。其他伟大的哲学家，如亚里士多德、柏拉图和普鲁塔克，也对我们了解愤怒做出了贡献。事实上，历史在我们对愤怒的理解中发挥了重要作用，当然，在历史中也产生了现在关于这种情绪的诸多流言。例如，在历史上，人们通常认为愤怒的神祇会通过破坏大地来惩罚人类，比如通过饥荒或地震等。而今天，仍然有许多人相信，如果他们陷入了困境，那便意味着他们正在遭受神明力量的惩罚。

下面，请在互联网上查找一下关于愤怒的历史，并选择一位哲学家，如塞内加、亚里士多德或柏拉图，描述他们对愤怒的解释。然后在下面的横线处，写下你在查找相关历史的过程中发现的一些关于愤怒的有趣的事实和流言，并解释历史是如何塑造我们现在对愤怒的理解的。

_____

_____

答　案

　　__M__　1. 发泄愤怒并不会改变现状。相反，它会通过在你的脑海中反复回忆引起愤怒的事件，不断激发你的愤怒情绪。在脑海中反复回忆某件事情的现象被称为思维反刍。

　　__F__　2. 频繁而强烈的愤怒会导致压力增加、头痛，引发胃病、高血压甚至心脏问题等。

　　__M__　3. 你对愤怒的反应是你个人决定的，所以你不能把你的行为归咎于别人。

　　__M__　4. 愤怒并不总是有帮助的。它也有破坏性的一面，并且可能会导致大麻烦。

　　__F__　5. 愤怒带来了历史上一些最具影响力的变革，比如民权运动和妇女投票权的产生。

　　__M__　6. 愤怒并不总是由人引发。某些情景也可能会引起愤怒，比如你最喜欢的节目播放到一半时你的手机突然没电了，或者在你快要迟到的时候你的车突然无法发动了。

　　__M__　7. 愤怒并不一定总是能发泄出来。事实上，压抑愤怒可能会和宣泄愤怒一样不健康。

　　__M__　8. 愤怒可以通过一些技巧来控制，这些技巧可以帮助你处理好自己的情绪。

　　_F_　9. 愤怒可能会破坏你的生活，导致人际关系、学习和工作出现问题等。

　　_F_　10. 愤怒是一种会引起痛苦想法和情感的情绪。而攻击行为是一种具有破坏性的有害行为。虽然愤怒和攻击行为可以同时发生，但并不是每个愤怒的人都具有攻击性，反之亦然。

| 活动 | CHAPTER 1 | 认识和理解愤怒 |

03 你的愤怒自画像

你需要知道的　大多数人在愤怒时很少会仔细地思考，他们仅仅对愤怒做出行为反应。虽然每个人的愤怒体验是不同的，但重要的是我们需要认识到愤怒可以驱动和控制自己的行为。评估你的愤怒情绪能帮助你确定自己需要努力克制的地方。

　　布兰登今天过得很糟糕。布兰登的科学老师威廉姆斯先生也注意到他似乎在为什么事生气。"哦，不。"威廉姆斯先生心想，"布兰登又陷入情绪低谷了。他很聪明，很有天赋，但他的愤怒真的伤害了他。如果一直这样下去，他会有麻烦的。"

　　下课后，威廉姆斯老师把布兰登叫过来，对他说："布兰登，你对每件事都非常认真负责。但你的愤怒已经开始影响你的学业了，我真的很担心你。你今年已经被停课三次了，还经常被叫到校长办公室。如果你愿意的话，我希望能帮助你。"

　　布兰登想了一会儿，他知道老师说的是对的。于是他点了点头，说：

"嗯，好……"

"太好了，"威廉姆斯老师说，"我们先仔细看看你的愤怒情绪到底是怎样的。等我们摸清它对你的影响以后，就可以开始着手计划怎么更好地管理它了。"

你需要做的

下面的活动将帮助你了解自己的愤怒问题,以及它是如何影响你生活的。一旦你理解了它,你就能发现你需要做出改变的地方。

请阅读下面的语句,并结合自身情况,选择"是"或"否"。

人们经常议论我的愤怒情绪。	☐ 是	☐ 否
愤怒使我陷入麻烦之中。	☐ 是	☐ 否
有的时候,我会愤怒到不记得自己做了什么。	☐ 是	☐ 否
我家里其他人也有应对愤怒情绪相关的问题。	☐ 是	☐ 否
愤怒的时候,我打过或伤害过别人。	☐ 是	☐ 否
我经常觉得自己是受害者。	☐ 是	☐ 否
我经常觉得没有人能理解我。	☐ 是	☐ 否

对于下面的语句,请选择最能描述你的数字。

1. 我难以控制自己的愤怒。

1	2	3	4	5
非常不符合	不符合	中立	符合	非常符合

2. 一般来说,我感到非常愤怒的频率是_____。

1	2	3	4	5
一个月一次	两周一次	一周一次	几天一次	每天一次

3. 当我愤怒的时候，我最有可能_____。

1	2	3	4	5
逃避	哭泣	尖叫	击打东西	摧毁物品

你选择的"是"越多，你的得分就越高，你在生活中就越容易受愤怒情绪的影响。通过认真完成本书中的活动练习，你将学会如何更好地控制自己的愤怒情绪。

你还可以做得更多

- 你的愤怒情绪是否曾经伤害过自己或别人的情感或身体？如有，请说明是如何伤害的。

———————————————————————
———————————————————————
———————————————————————

- 你曾经因为愤怒而指责过别人吗？请说明你是怎么做的（例如，指控别人或者否认自己参与了某件事）。

———————————————————————
———————————————————————
———————————————————————

- 当你生气的时候，你是否经常说一些让自己感到后悔的话，或是做一些让自己感到后悔的事情？如果有，请写一个例子。

———————————————————————
———————————————————————
———————————————————————

- 生气时，你会做些什么来使自己平静下来？

———————————————————————

● 如果你有一根魔杖，可以改变自己对愤怒的反应，解释一下那会是怎样的？

活动 **04** | CHAPTER 1 | 认识和理解愤怒

"愤怒"日志

> **你需要知道的**　意识到你在什么情形下容易愤怒，注意到你在愤怒时会做什么，并认识到愤怒所导致的后果，这些都是很重要的。"愤怒"日志便是一个能帮助你做到这一切的工具。

　　布里安娜非常期待阿丽莎在周六来她家过夜。她们有一个宏大的计划。但周六早上，阿丽莎给布里安娜发了一条短信，告诉布里安娜自己来不了了，因为阿丽莎忘了自己和另一个朋友奥利维亚在周六也有约定。

　　"真的吗？"布里安娜想。这已经不是阿丽莎第一次放她鸽子了。她想到以前阿丽莎也经常放自己鸽子，便越来越生气。布里安娜还没来得及思考，就抓起手机扔在地板上，把屏幕摔碎了。"哦，不！不要再这样了……"当布里安娜的父母跑进她房间想看看发生了什么事时，布里安娜惊恐地叹了口气。这不是布里安娜第一次被愤怒冲昏头脑了。因为她在生气的时候就想要破坏周围的事物，所以这也让她付出了很大的代价。

　　那天下午晚些时候，当布里安娜平静下来以后，妈妈对她说："布里安娜，你似乎经常生阿丽莎的气，而且最终也没什么好的结果。我想你现在需要开始关注你在哪些时候会愤怒以及你会对愤怒做出什么反应。这会帮助你了解自己的行为模式，也会让你在破坏一些贵重的东西之前思考有没有更好的选择。"

记录"愤怒"日志可以帮助你找到自己愤怒的行为模式。下面的示例也向你展示了布里安娜是如何记录她与阿丽莎之间发生的事情的。

"愤怒"日志	
日期和时间	10月3日上午10点
事情经过	阿丽莎临时发短信取消了我们之间的约定
我的想法	她总是找借口，我讨厌做她的朋友
我的感受	愤怒、失望和受伤
我的行为	摔手机
行为的后果	给家里造成了麻烦；手机屏幕碎了，我必须自己付钱修理，否则我不能换新的屏幕
我的处理方法	我很后悔摔坏了我的手机；我一直在想：阿丽莎会再次放我鸽子的，直到我的情绪爆发；现在，我需要做很多的家务来支付我修手机的费用
我如何更好地处理	告诉阿丽莎我很伤心，因为她又一次放了我鸽子，然后可以给另一个朋友发短信邀请她过来陪我玩

你需要做的

在开始这个活动之前,你可以先把下面的表格复印几份。在你练习本书中所有活动的这段时间里,请坚持记录你的"愤怒"日志。

"愤怒"日志	
日期和时间	
事情经过	
我的想法	
我的感受	
我的行为	
行为的后果	
我的处理方法	
我如何更好地处理	

你还可以做得更多

在你写了几篇"愤怒"日志后,看看你的行为是不是有一些规律。

● 你是否在某个特定的时间最容易生气(比如晚上累的时候,早上刚醒来的时候,或者在某些上课时间)?

_____
_____

● 你是否在某些特定的情况下或和某些特定的人打交道时比较容易生气?

_____
_____

● 你认为自己在哪些方面需要改进和解决?

_____
_____

● 几周后,请回顾你的日志,你有没有发现自己在管理愤怒情绪方面有了进步?快来告诉我你的改变都有哪些吧!

_____
_____

活动 | CHAPTER 1 | 认识和理解愤怒

05 了解你的家庭模式

你需要知道的 你会花很多时间和家人在一起，尤其是在小的时候，所以自然而然地你也会从家人那里学到一些行为和习惯。了解你的家人如何应对他们的愤怒情绪，也可以帮助你理解自己对愤怒情绪的行为反应。

加布里埃尔的爸爸要求她在和朋友出去玩之前必须先把家务做了。加布里埃尔一想到这些家务，她就感到恼火。"这不公平！"她嘟囔着，"你为什么不自己去做，而要整个周末都躺在那里看足球？"

她的父亲听到了她的抱怨，大声喊道："如果我再听到你发牢骚，你就哪儿也别想去了！听清楚了吗？"

"好！清楚极了！"加布里埃尔边说边翻了个白眼。她气冲冲地回到自己的房间，从地板上捡起自己的衣服扔进洗衣间。然后她把门踢开，走出了洗衣间。接着，她开始清理洗碗机。她把银质餐具全扔进了厨房抽屉里，并且一边收拾，一边丁零咣啷地敲着铁锅。

她爸爸冲进厨房，重重地拍了一下灶台："听着，我已经说得很清楚了，我再也无法容忍你的行为了！"

听到喧闹声，加布里埃尔的妈妈也走进了厨房。"到底发生了什么事？我在里面都听得见你们吵，你们俩简直一模一样。加布里埃尔，你算是遗传了你爸爸的坏脾气，一不顺心就要发火。你们俩都应该在吵架之前离对方远点。加布里埃尔，你知道家里的规矩，不做完这些家务你就没有出去玩的权利。如果你在一个小时内没有做完这些事，那么你就别和朋友出门了。"

加布里埃尔叹了口气，瞪着父亲，父亲也瞪着她。没错，这两人都很固执，只是一个比另一个更有权威。

你需要做的

在下一页中画着一棵大树,在这棵树的底部写上你的名字,然后再加上你家人的名字,并在旁边的空白处描述他们是如何应对愤怒的。例如,他们可能会:

- 大发雷霆

- 逃离当时的情景

- 大喊大叫

- 摔东西

- 击打一些物品或打人

- 压抑他们的愤怒

- 说尖酸刻薄的话

- 谈论他们的感受

在树上或树的旁边,加上其他与你类似的家庭成员(包括亲戚等)的名字——如伯父、伯母、堂兄弟或兄弟姐妹。

俗话说:"有其父必有其子。"请圈出与你应对愤怒情绪的方式最相似的人的名字,并在空白处写出你的爸爸妈妈和爷爷奶奶是如何处理愤怒情绪的。

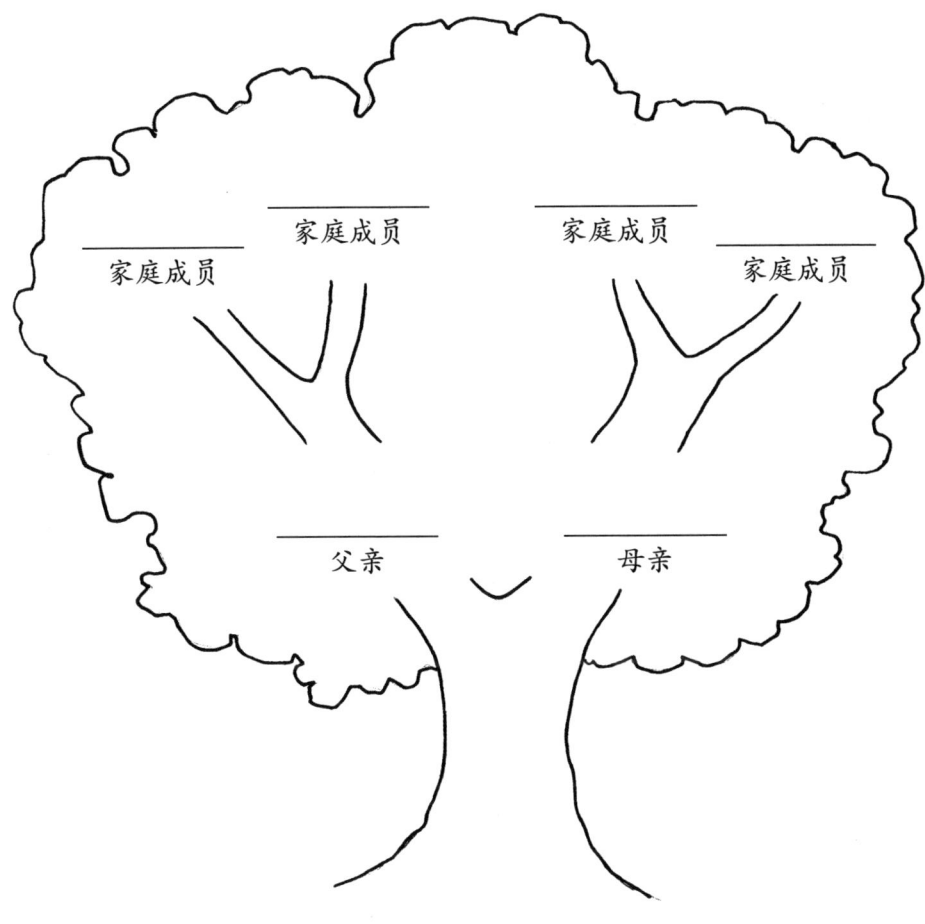

你还可以做得更多

- 你有没有在亲人们处理愤怒情绪的方式中发现一些固定模式？

- 你的家人处理愤怒情绪的方式有没有什么特别之处？

- 你觉得哪位家人最善于处理愤怒情绪？说一说怎样才能做到像他/她一样。

CHAPTER 1 | 认识和理解愤怒

活动 06 身体对愤怒的反应

| 你需要知道的 | 有问题的愤怒情绪不利于身体健康。愤怒会带来很多压力，从而导致健康问题，如引发高血压、头痛、胃痛等。你知道在你愤怒时你的身体会发出哪些信号吗？学会识别和应对这些信号可以帮助你保持身心健康。|

当你愤怒时，你的身体可能会出现以下信号：

• 哭泣

• 脸颊发热

• 咬牙切齿

• 翻白眼或斜视

• 头晕目眩

• 呼吸沉重

- 心跳加快

- 满脸通红

- 胃痛

- 出汗

- 肌肉紧绷

- 身体颤抖

- 头痛

了解身体对愤怒的反应,可以帮助你意识到在什么时候需要冷静下来。当你遇到上述情况时,下面这些技巧或许可以帮到你:

- 慢慢地、放松地深吸一口气,然后集中精力慢慢呼气。

- 聆听时钟的滴答声、水龙头的滴水声或窗外鸟儿的鸣叫声,让自己融入到周围的环境中去;你也可以专注于研究一幅画作中的每个细节,透过窗户观察地板上斑驳的阳光,或者探究一本书封面上的所有细节。

- 出去散散步,呼吸点新鲜空气,或者去找一个远离人群的静谧的空间。

如果你仍无法摆脱受挫的局面,那么还有其他方法可以帮助你放松,比如:

- 告诉自己一切都会好起来的，你不值得为此这么难过，以此来缓解自己的愤怒情绪。

- 想象你正在一个令人放松的地方（也许是你的卧室，也许是海滩，或者是你祖母的家）。当你想到这个地方时，想象你的怒火正在一点点地从你的身体里流走，就像浴缸里被放走的水一样。

- 戴上耳机，专注于你最喜欢的歌曲中的每句歌词、每个字。

你需要做的

在下面的人体轮廓图中,画出当你感到愤怒时,身体相应部位对此的反应。例如,如果你在生气的时候会哭泣,你可以在图上画一双含泪的眼睛,或者如果你生气的时候肌肉会紧绷,那么你可以在图上画一块鼓起的肌肉。

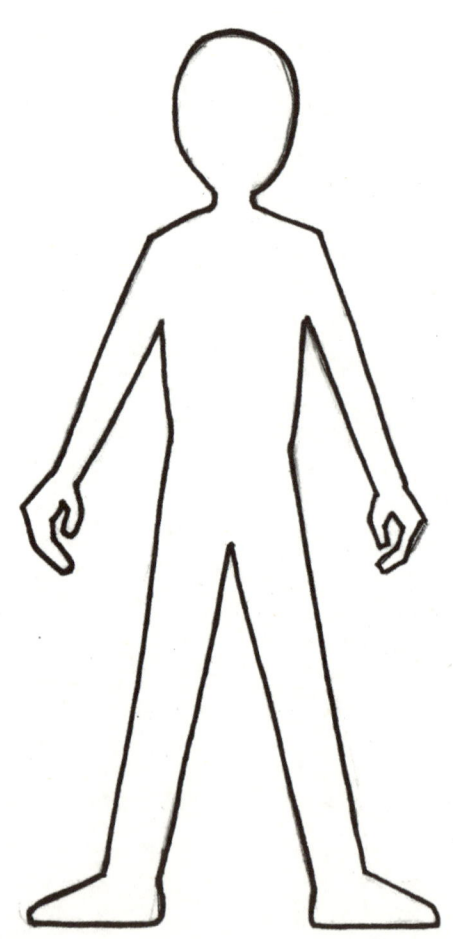

你还可以做得更多

- 在你愤怒的时候,你会出现哪些生理反应?

———————————————————————
———————————————————————
———————————————————————

- 你身体的哪个部位反应最大?

———————————————————————
———————————————————————
———————————————————————

- 除了前面所给到的建议,你觉得还可以做哪些事情,可以帮助你在觉察到愤怒带来的生理反应后恢复冷静?

———————————————————————
———————————————————————
———————————————————————
———————————————————————

活动 | CHAPTER 1 | 认识和理解愤怒

07 测量你的愤怒值

你需要知道的

愤怒会带来很大的压力，当你的压力不断累积时，便会导致灾难性的后果，比如情绪的爆发。我们知道，在自行车打气筒这样的设备上，压力水平通常是由一种叫作压力表的装置来测量的。但是，你知道吗？在你体内也有一个压力表，它可以防止你情绪的爆发。

当你在给自行车轮胎或篮球打气时，有用过压力表来帮助你监测气压吗？如果用过，你便会知道，当压力表显示将要达到你所需的气压水平时，你最好马上停止打气，否则你的轮胎或篮球就会爆炸。愤怒也是如此：当你生气的时候，你内心的压力便开始不断积聚，除非你找到一种释放它的方法，否则你的情绪也可能会"爆炸"。

如果你很容易生气，可能是因为你没有注意到自己身体发出的警告信号，忽视这些信号可能会导致十分剧烈的情绪爆发。学会观察你内心的压力表（即学会监测自己的愤怒在何时会进一步升级放大）能帮助你在愤怒中保持冷静。

你需要做的

下面是愤怒压力表的示例。看看表上的每一个压力等级,然后想想你该如何确定自己的愤怒等级。

你的愤怒压力表

等级 1- 最小等级:放松

这时你的感受:这是较为舒适的情绪感受,我感到平和、冷静、镇定。

行为表现:当我放松和冷静的时候,我会听我最喜欢的音乐,和我的朋友出去玩。

等级 2- 烦恼

当你开始生气时的感受:我感到生气,但还不至于发狂。

行为表现:我会避免惹恼别人。我不想看到别人、不想听到别人的声音,也不想和别人在一起。例如,我的弟弟很烦人,但这仅仅是因为我很烦他,并不意味着我愤怒了。

等级 3- 中间等级:懊恼

这是你愤怒的中间阶段,你没有过度的愤怒,但你感到心烦意乱:我感到恼怒和沮丧。我开始生气了,也开始想一些不愉快的事。

行为表现：我经常因此向别人抱怨。当我感到懊恼时，我会诅咒、侮辱令我生气的人，或者谩骂那个人。

等级 4- 大怒

这是超出适度愤怒时你的感受：我感到发狂并且极度不安，但这些仍在我的控制之中。我的愤怒几乎到了极点。

行为表现：我有个坏习惯，我喜欢当面公开指责别人。我想让他们知道他们惹错了人。

等级 5- 最大等级：暴怒

这是达到最高程度愤怒时你的感受：我感到怒火中烧，失去控制。我不想和别人讲道理，并且非常想要报复和惩罚别人。我想要补偿。

行为表现：不关心任何人或任何事，被愤怒蒙蔽了双眼。我常常会失去控制，做一些将来会感到后悔的事情。

依据这个表格，确定你自己的 5 个愤怒等级，等级 1 是最小压力，即完全放松的时候，等级 5 是最大压力，即当你感到快要崩溃的时候。接下来，列出你在每个愤怒等级上的感受和行为反应。

你的愤怒压力表

等级 1- 最小等级：放松

这时你的感受：_____

_____

行为表现：_____

_____

_____

等级 2- 烦恼

当你开始生气时的感受：_____

_____

行为表现：_____

_____

_____

等级 3- 中间等级：懊恼

这是你愤怒的中间阶段，你没有过度的愤怒，但你感到心烦意乱：_____

_____

行为表现：_____

_____

等级 4- 大怒

这是当你的情绪超出适度愤怒时的感受：_____
_____

行为表现：_____
_____
_____

等级 5- 最大等级：暴怒

这是当你达到最高程度愤怒时的感受：_____
_____

行为表现：_____
_____
_____

你还可以做得更多

现在你已经确定了你内心的愤怒压力等级，接下来试着更进一步。在下面的压力表上，请列出你确定的 5 个等级 (5 个词语)。等级 1 是你在最放松时的压力等级，也是你最能控制的愤怒等级。对于等级 2 到 5，请列出你该如何用健康的方式来释放压力。例如，你可以：

- 听你最喜欢的歌单上的歌

- 远离那些让你生气的人

- 关掉你的设备，暂时避开这种情况

- 呼吸新鲜空气

- 去健身房撸个铁

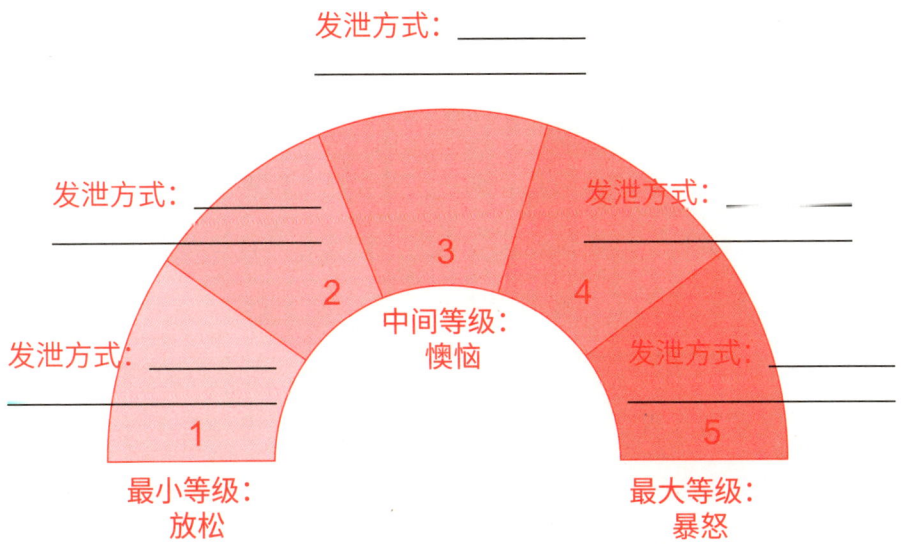

活动 **08**

CHAPTER 1 | 认识和理解愤怒

识别触发你愤怒的原因

> **你需要知道的**
>
> 我们每个人都有一些容易被激怒的点。一些人将其称为"触发点"或"烦心事"。但不管怎么称呼,在它们激起你的愤怒之前,你要把它们识别出来,这是非常重要的。

塔比莎在走廊里拦住了莉拉,并指责她从自己的储物柜里拿走了笔记本。但莉拉根本没去碰过塔比莎的储物柜!她试图辩解,但塔比莎打断了她的话,说:"诺亚说他今天早上在我的储物柜旁边看到过你,而现在我的数学笔记本不见了。我今天数学有一个开卷考试,我需要我的笔记本。所以,现在把它还给我。"

莉拉攥紧了拳头,抬高声音说:"塔比莎,我最后再说一次,我没有拿你的笔记本!"但塔比莎没有让步,她当着莉拉的面咒骂她,说她是个骗子。莉拉生气了,有两件事是莉拉无法忍受的:(1)被指控做了她没有做过的事;(2)被别人叫骗子!莉拉有两个弟弟妹妹,她在家里也总是被家人指责,但在学校里,她无法忍受同样的遭遇!她感觉自己全身的肌肉都绷紧了,她开始推搡塔比莎并且大喊道:"我没有拿你那该死的笔记本,我也不是骗子!"

就像莉拉一样,我们每个人都有一些可能会被激怒的触点,比如某些人:

• 和别人透露你的秘密

• 指导你该做什么

• 指责你说了你没有说的话或者做了你没有做的事情

• 打断你的话

• 未经允许就拿走你的东西

• 制造或散布一些关于你的谣言

• 模仿你做的所有事情

• 在你急着要赶去某个地方时,仍旧慢慢开车

你需要做的

使用下面的"愤怒诱因识别与缓解方式表"来探究是什么引发了你的愤怒情绪，又是什么使你的愤怒情绪得以缓解。在"愤怒诱因"一栏中，填写5件能引发你愤怒的事情。在下一栏"缓解方式"中，写下1件你可以做的事情，以让愤怒诱因事件消失或让自己与该事件断开连接。例如，如果你很容易因为被指责做了自己没做的事情而发怒，那么你或许可以试着让自己先从这种情况中抽离出来，出去呼吸一些新鲜空气，以整理自己的思绪。如果一直置身于一个愤怒诱因事件下，只会让自己产生更多的压力，使得愤怒升级。在最后一栏里，请对这些诱因从1~5进行评级：1意味着这种情况不会经常发生，3意味着你有时候会遇到这种情况，5则意味着这种情况经常发生。你可以多复印几份表格供自己填写。

愤怒诱因识别与缓解方式表		
愤怒诱因	缓解方式	评级

愤怒诱因识别与缓解方式表		
愤怒诱因	缓解方式	评级

● 你认为了解自己的愤怒诱因可以怎样帮助你控制怒火呢?

_____
_____
_____
_____
_____

你还可以做得更多

复印几份上面填好的表格，或者把填好的表格拍照保存下来。将这些表格放在你触手可及的地方，这样，当你感觉到某个愤怒诱因要被触发时，你就可以参照表格上面的缓解方式来控制自己即将爆发的情绪。

CHAPTER
2

愤怒 的动力

活动 **09** | CHAPTER 2 | 愤怒的动力

战斗、逃跑或僵住

你需要知道的 每当你感到危险时，你的身体就会进入自我保护模式。身体会分泌大量肾上腺素进入你的血液中，从而让你迅速获得能量，并让你的瞳孔放大、心率加速、血压升高以及呼吸加快。你会变得更加警觉，对周围的环境高度敏感。这一系列反应是"战斗—逃跑—僵住"反应模式的一部分，它们都只有一个目的——保护你。

米娅收到了一条消息，告诉米娅她在一个帖子里上热门了。令米娅震惊的是，当她打开这个网站时，她发现上面发布了一些自己做的难堪的事情。

刚开始，米娅感到很羞愧。她想：谁看到了这个？我该怎么办？这个帖子是谁发的？在最初的震惊和焦虑消失后，米娅开始集中精力寻找相关责任人，她想让这些人为让她感到难堪付出代价！

这一刻，米娅在面对这个帖子对自己的冲击时有三种可能的反应：战斗、逃跑或僵住。她反复考虑了这三种反应模式，但最终还是想寻找相关的责任人（战斗模式）。这种反应可能是保护性的，但它也可能会导致负面结果。所以，认识到愤怒在什么时候会激发你的战斗模式是很重要的，这样你就可以全面考虑各种情况并想出最佳的解决方案。

你需要做的

阅读下面的文字,想一想哪些是积极的应对方式?哪些是消极的应对方式?请分别在前面标上"P"(积极的)和"N"(消极的)。

梅森为他的课堂展示准备了整整一周,但当他站起来进行发言时,他注意到同学们都在窃窃私语,一边窃笑一边打量着他。他试图集中精力忽略这些,但他的头脑一片空白。当老师示意他开始时,他出了一身冷汗,然后愣愣地看着同学们。他满脑子想的都是:"他们在谈论什么?是我的领带掉了,还是我的头发乱了?"梅森沉浸在这些消极的想法中,忘记了他准备的一切。

在这种艰难的情况下,梅森应该怎么做?

_____ 像受惊的小鹿一样僵住。

_____ 深吸一口气,重新集中注意力,就像在自己家练习一样进行展示。

_____ 要求私下和老师谈谈。

_____ 跑出教室,再也不回去。

_____ 说一些"站在这里不容易,轮到你们的时候你们就知道了"

之类的话。

_____ 骂班里的同学都是混蛋。

_____ 开个玩笑来缓解一下气氛。

正如你所看到的，一些选择会比其他选择更好，所导致的负面影响也更小。

请以上面的案例为范本，阅读下面的情景，并想出一些积极的应对方式。

比安卡相信她能在学校的话剧中担任主演。今天也是公布演员名单的日子，她相信会看到自己的名字排在最前面。午餐时，比安卡和一群同学挤在告示牌前查看演员名单。名单显示，艾娃才是主演，而自己只是合唱团中的一员！比安卡转身离开，然后看到艾娃带着微笑迎面走来，几个学生正在祝贺她当选为话剧主演。

● 比安卡应该做出怎样的反应？

_____

_____

莫莉经常在数学课上借汉娜的手机。一天下课后，汉娜让莫莉把手机还给自己。"呃，现在不在我这，我把它借给伊恩当计算器了。"汉娜简直不敢相信自己的耳朵,莫莉没有权利把她的手机借给别人!汉娜担心伊恩可能会查看她的私人信息并侵犯到她的隐私。她需要尽快找到伊恩,拿回她的手机。当汉娜走向伊恩时,她注意到他正和一群男生在一起,一边笑一边在看她手机上的短信!

● 汉娜应该做出怎样的反应?

你还可以做得更多

- 回想一个当你面临战斗、逃跑或僵住这三种选择时的情景,简要描述一下。

- 你会选择怎样的应对方式?

- 你会做出什么样的反应?

- 你还能想到其他积极的应对方式吗?

| 活动 | CHAPTER 2 | 愤怒的动力

10 情绪与感受

> **你需要知道的**
>
> 很多人认为情绪和感受是一回事，但事实并非如此。情绪指的是你身体如何对事物或情景进行反应，而感受指的是你如何解释你所体验的情绪。了解两者之间的区别可以帮助你确定你的情绪是如何影响你的感受的，反之亦然。

布雷迪讨厌老师们布置太多的作业，他感觉这就好像老师们在联合起来一起攻击学生一样。在此之前，布雷迪为自己的学业感到自豪，他努力地保持着 A 或者 B 的平均成绩。但由于篮球队和其他一些事情，他的成绩开始下滑。最近，布雷迪发现他在做作业时会感到脾气暴躁。

他把自己压力的增加和成绩的降低均归咎于他的老师。要是老师不布置作业就好了！如果不尽快改善这种情况，布雷迪可能会崩溃。如果使用从 1 到 5（5 是最高分）分制愤怒评级，布雷迪分数达到了 4.9。

布雷迪没有意识到的是，他还有其他选择可以帮助他摆脱困境。例如，他可以要求额外的完成作业的时间，或者他也可以和老师谈谈：由于许多作业的截止日期都是同一天，这给自己造成了很大的困扰。另一个选择则是什么都不做，让自己的愤怒情绪继续恶化。布雷迪的愤怒便是他正在体验的情绪，与他的愤怒情绪相关的感受则是失望、害怕、压力、不堪重负、焦虑和担心等。

你需要做的

请通过下面的"情绪与感受之环"学习如何将你的情绪与感受联系起来。在内环中,有四种主要的情绪——愤怒、恐惧、悲伤和快乐。在外环,是经常与这些情绪相关联的感受。对于列出的每种情绪,请描述你记得的最后一次体验这种情绪的事件,并在描述中指出你在体验这种情绪时的感受。如果有与某些情绪相联系的感受没包含在"情绪与情感之环"中,那就把它们写进去。

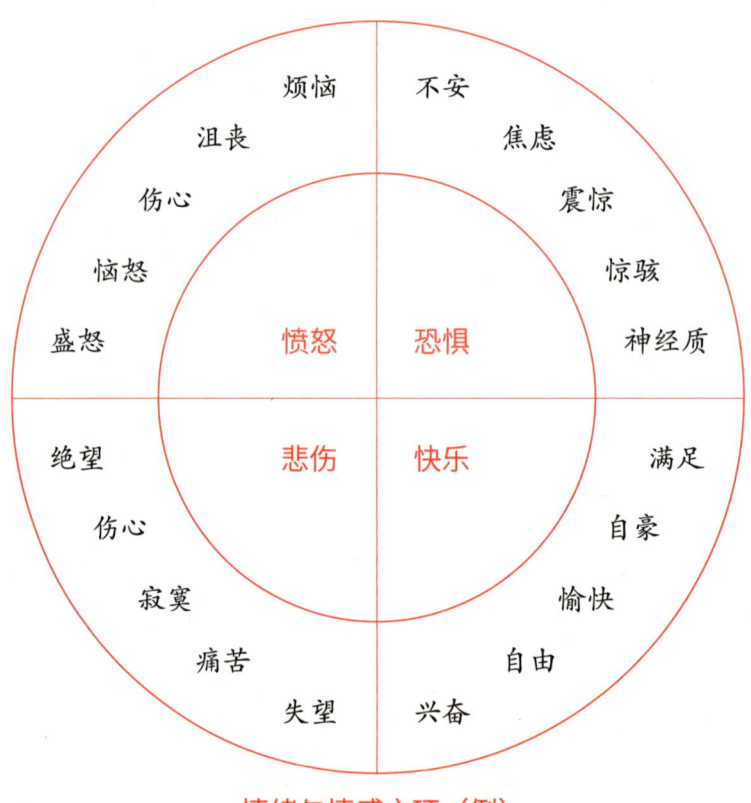

情绪与情感之环(例)

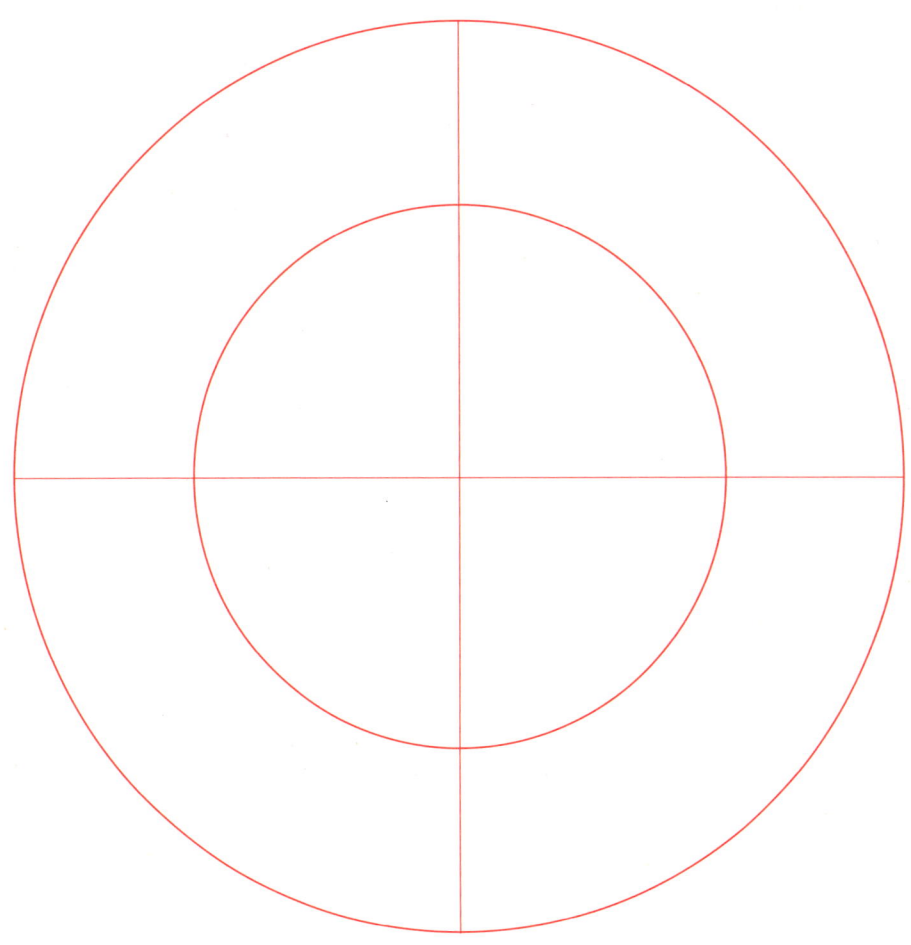

情绪与情感之环

在接下来的一周里，请特别注意自己的情绪以及与之相联系的感受。在周末回顾这一历程，并记下你在观察中所注意到的任何行为模式。例如，你可能会注意到，当你感到有压力和不堪重负（感受）时，你经常会愤怒（情绪）。接下来，寻找那些让你感到有压力和不堪重负的行为模式。例如，如果你经常踩点参加各种活动还总是迟到，那你可能会感到很大的压力，这也导致你感到不堪重负。因此，你可能会非常生气。当然，认识到这种行为模式是很好的，因为现在你就知道了，你需要努力做到守时。

● 写下你在观察中注意到的任何行为模式：

_____
_____
_____
_____
_____
_____
_____
_____

你还可以做得更多

量表是一个很好的工具,它可以帮助你测量感受的强度。以下是使用量表来检测你的感受的步骤:当你对某种情景有情绪反应时,首先确定你的情绪,然后确定你的感受,并根据这些信息对你的感受从1到5进行评分,1是最低等级的分数,5是最高等级的分数。你的目的便是在令人困扰的感受达到第5分之前识别它们。

通过回忆你今天体验的一种强烈的情绪来练习测量你的感受——这种情绪并不一定和愤怒有关。在布雷迪的例子中,他意识到如果自己不立即采取行动,他就会崩溃。他已经让他的愤怒等级飙升到了5分制中的4.9分。与他的愤怒(情绪)相关联的感受有三种:因为没有充足的时间来完成所有事情而感到的压力,对失败的害怕,以及对自己没有能发挥最好水平的失望。他本可以更早地认识到这些感受,而不是让其不断恶化为愤怒,就像在第2等级,即:当他感到压力和恐惧的程度较低时,他可以通过与教练或老师交流沟通来采取相应行动,这样他的愤怒等级就不会那么高了。

● 列出一种强烈的情绪。

_____

● 找出一种与这种情绪相联系的感受。

_____

- 从 1(最低等级)到 5(最高等级),你会给这种感受打几分?

- 如果这是一种令人困扰的感受,你可以做点什么来让自己感受好点,从而降低你的感受强度评级?

活动 11　CHAPTER 2 | 愤怒的动力

伪装大师

你需要知道的

愤怒是一名"伪装大师",因为它能掩饰羞愧、恐惧和悲伤等情绪。当事情让我们感到不舒服时,我们会更容易愤怒而不是承认我们受到了伤害或感到害怕,我们会用愤怒来掩盖我们脆弱的一面。当然,用愤怒来掩盖我们的感受并不能解决问题,只是暂时掩盖了问题,这可能会让事情变得更糟。

杰克能感觉到家里有什么事不对劲:他的父母总是在吵架。他的父亲经常外出,有时甚至不回家过夜。他妈妈终日以泪洗面,也不像以前那么爱说话了。他甚至听到他爸爸说要搬出去住。

杰克对未来感到很焦虑,他父母也不信任他,不告诉他发生了什么,这让他很伤心。他也感到很内疚,因为他想知道自己是否是他们争吵的原因。他知道自己最近有些事做的不怎么样。

终于,在一个星期六的早餐时间,杰克的父母告诉他,他们正在和律师谈离婚的事。杰克的心脏开始狂跳,因为他害怕这会改变自己的生活。他用拳头捶着桌子,从椅子上跳起来,喊道:"你们毁了我的生活!

你们怎么能这样对我？"他冲进自己的房间，"砰"的关上了门。

　　几分钟后，杰克的妈妈来到他房门前，敲了敲门。"杰克，让我们谈谈吧。你感到伤心和害怕是很正常的事情。我也有这种感受，但用愤怒来掩盖你的感受是于事无补的。事实上，这只会让你逃避自己的真实情感，从而让事情变得更糟。让我们坐下来谈谈，而不是大喊大叫，好吗？"

你需要做的

你的愤怒掩盖了什么？下面列出了一些你在生活中可能被愤怒所掩盖的感受。圈出与你自身情况符合的感受，并在横线上填写其他你认为可能被掩盖的感受。

焦虑	嫉妒	沮丧	压力
抑郁	孤独	担忧	羞愧
贪婪	伤心	_____	_____

● 请写下一个你用愤怒掩饰自己感受的具体事例。
_____
_____
_____
_____

● 你认为表达你的真实感受会有什么好处？
_____
_____
_____
_____

你还可以做得更多

请你想象一下,你正在参加一个化装舞会,所有的参与者都戴着一个愤怒面具,在每个面具后面都有一个关于伤心、内疚、羞愧、恐惧或焦虑的故事。如果我们能找到每个人愤怒的根源,我们就会听到很多独一无二的故事,但愤怒往往会"夺走"人们的故事,也"抢走"了所有的注意力。如果你参加了这个舞会,你的愤怒面具后面会隐藏着什么呢?你的故事又会是怎样的呢?

使用你在上面活动中所确定的关于感受的词语,在网上或杂志上找一些图片、谚语或文字来代表这些被愤怒掩盖的感受。剪下或打印出这些图片、谚语或短语,并粘贴到下面的面具上。面具代表愤怒,而拼贴画则代表掩盖在愤怒面具下的感受。

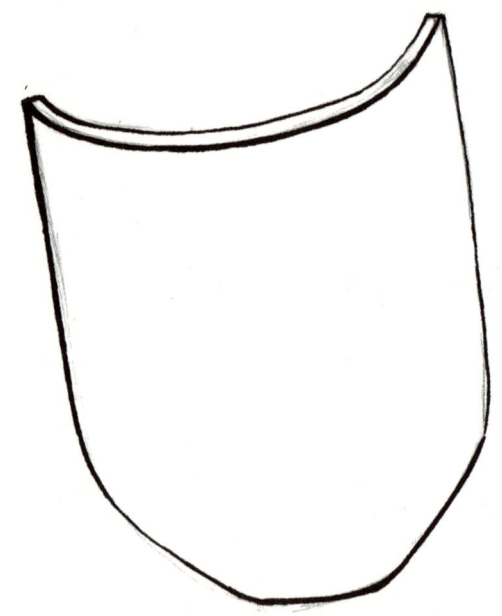

活动 | CHAPTER 2 | 愤怒的动力

12 观察你的想法

> **你需要知道的**　想法仅仅是你大脑的产物。它们没有情绪和情感，如果没有你的允许，它们也不能引起或解决问题。想法只有通过行动才能变成现实。

通过把你和自己的想法分离，你可以学会成为一个积极的想法观察者。想象一下，你躺在田野里，看着五颜六色的气球在你的头顶飞舞，每个气球都代表着你的一个想法。而你便是自己想法（或气球）的观察者。

你的每一个想法都是独一无二的：有些是无意义的，有些是重要的，而有些则是有破坏性的和痛苦的。但本质都一样：它们都只是想法，除非你采取行动，否则它们不会伤害你。例如，如果你真的很生气，并且产生了想打那些惹你生气的人的想法，这也没什么大不了的，因为这仅仅只是一个想法而已。而现在，如果你真的抱着这个想法去狠狠地揍了那个人，那你就陷入麻烦中了。一旦你领悟了"你不是你的想法，你的想法也不是你"这一点，你便获得了通往自由的门票。

你需要做的

请用上面气球的比喻来练习观察你的想法:

1. 首先,找一个安静的地方,并保持一个舒服的姿势,想象你正躺在草地上。当你仰望天空时,你看到了许多气球,每个气球都拖着一条彩色的丝带,飞舞在你的头顶。每个气球代表你的一个想法。

2. 现在,请密切关注所有飘过的气球,然后伸手抓住其中一个气球的丝带。同样的,这些气球也都是你目前正在体验的想法,所以请专注于你握住的那一个想法。

3. 要特别关注:谁有这样的想法,谁在握着气球。

4. 要注意观察这个想法是如何变得失去力量的,因为它并不依附于你,而是与你这个观察者相分离的。即使你握着气球,它也不是你的一部分。

5. 接下来,放开这个气球或想法,让它和其他的气球或想法一起飘走。

6. 重复上述的步骤,并选择另一个气球(想法)。

7. 最后,深深地、轻轻地吸气,然后慢慢呼气。

你还可以做得更多

刚开始，将你的想法与你自己相分离可能会让你感觉不自然。但随着时间的推移和不断练习，你便会越来越自然地做到这一点。每天留出十分钟去关注自己的想法。如果有一个想法迫切需要得到关注，那么就停下来去关注、辨认它，但不要执着于它。提醒自己这只是一个想法，让它有它自己的时间。不要让你的想法控制你自己——让它们像气球一样和你分开。当你让不需要的想法支配你的生活时，你会感到十分痛苦，而且可能会做出糟糕的选择。或者，如果这个想法是健康的和重要的，那就想办法付诸行动。比起令你痛苦的想法，你一定会更愿意让自己按照积极的想法来行动。

活动 | CHAPTER 2 | 愤怒的动力

13 扭曲的想法

> **你需要知道的**
>
> 愤怒喜欢以扭曲或夸张的想法为养料。你可以通过察觉自己什么时候会出现扭曲的想法，并在它们将要出现时把它们说出来，以战胜愤怒。

扭曲的想法有很多类型，下面是一些最常见的。

指责：把所有的责任都推到别人身上，而忽略了自己在事件中可能扮演的角色。责备会让你感到自己无力改变，因为你把所有的责任都推到了别人身上。

"这一切的发生都是你的错！"或者"如果你没有那样做，这一切就不会发生！"

夸大：事先假设最坏的情况，夸大事实。这会让自己产生无助感，因为你已经假定了自己注定要经历最糟糕的事情，所以为什么还要去努力尝试呢？

"你毁了一切！"或者"这太可怕了，我永远也不会忘记！"

标签化：根据你对别人的感觉，用一些名称去描述他们。给别人贴上"标签"会让你愤怒，因为你在告诉自己：这个人是卑劣的，是错的。这样你就可以说服自己：你是合理的，是对的。

"你就是个蠢货！"或者"你真是个没用的废物！"

妄下结论：认为别人做某些事情是有目的的，是对自己有害的。仓促地下结论会让你觉得别人在故意陷害你。

"她故意给我惹麻烦！"或者"他打算当众羞辱我！"

过度概括：使用一些确定性的词汇，只根据情况的某一个方面便得出结论。经常用于过度概括的词包括："总是""每一个""每个人""没有人"或"从不"。过度概括会让你觉得别人都在和你作对，你不够好，或者你将失败。

"每个人都认为我是个窝囊废！"或者"她总是在我背后说我的坏话！"

你需要做的

请阅读下面的文字,并在你发现的每个扭曲的想法下画线。在你画线的文字中,指出你发现的扭曲想法的类型,比如指责。答案会附在该章节结尾。

我的老师对我很不公平,他很讨厌我,因为他总是给我全班最低分!所以,我想要取得好成绩是不可能的。反正他无论如何都会让我不及格!他真是个白痴。我知道他在故意针对我,他毁了我的绩点,现在我再也进不了好大学了。那个蠢货毁了我的未来!

● 请解释这些扭曲的想法是如何引发这个学生的愤怒情绪的。

_____
_____
_____
_____

● 请写出一些可能的解决方案来帮助这个学生解决自己的问题。

_____
_____
_____
_____

你还可以做得更多

就像上述例子一样，写一段简短的文字，里面包含你最近对不公平事件的一些想法。然后回顾你写的文字，画线并指出你存在的扭曲想法。

- 请解释一下你扭曲的想法是如何激发你的愤怒情绪的。

___

___

___

___

- 回忆一下，你本可以采取哪些积极的措施来克服你扭曲的想法？请把你的答案写在下面的空白处。

___

___

___

___

答　案

　　我的老师对我很不公平，他很讨厌我（夸大），因为他总是（过度概括）给我全班最低分！所以，我想要取得好成绩是不可能的。反正他无论如何都会让我不及格！他真是个白痴（标签化）。我知道他在故意针对我（妄下结论/夸大），他毁了我的绩点（指责），现在我再也进不了好大学了（妄下结论）。那个蠢货（标签化）毁了我的未来（夸大）！

活动 14 | CHAPTER 2 | 愤怒的动力

愤怒的 ABC 模型

> **你需要知道的**　了解愤怒的想法如何影响你的行为，可能会帮助你选择更好的方法来应对受挫的情景。理解你的愤怒反应就像识记 ABC 一样简单。

ABC 模型可以帮助你把自己的愤怒反应分解成几个小步骤。该模型的运作方式如下：

A = Activating event，即让你愤怒的情景

当期末论文写到一半时，你想停下来休息一会儿。你离开笔记本电脑后，弟弟过来打开你的电脑并开始玩他经常玩的游戏。在打开游戏的过程中，他不小心把你期末论文的文档关了。不幸的是，你并没有及时保存你的期末论文文档。

B = Beliefs about the event，即对事件的看法

对事件的看法可以是理性的，也可以是非理性的。理性的看法是经过深思熟虑的，是对事件的逻辑进行解释。例如，"我丢失了我的论文

文档是因为我没有及时把它保存在电脑里"。与理性看法不同，非理性看法不符合逻辑，也并不可靠。它们通常是基于一种情绪反应，并涉及扭曲的想法。比如，"这都是他的错"或者"我肯定是要挂科了"。

C = Consequences，即结果

你找到你的弟弟，把他推倒在地，然后开始对他大吼大叫，说他是如何让你白忙活一场的。

下一步便是检查你对事件的看法，并确定它们是否是理性的。如果不理性，请遵循以下两个步骤：

1. 质问自己，在这种情况下，局外人会问哪些问题。这些问题可以帮助你有意识地质疑自己的看法。思考一下这些问题："你弟弟是故意的还是不小心的？""你为什么不及时保存自己的论文文档？""你为什么不告诉弟弟你正在做一些非常重要的事情，让他不要乱动你的笔记本电脑？"

2. 质问自己，你能做些什么来避免类似的情况再次发生。在这种情况下，你可以采取相关的预防措施，如：设置自动保存功能或使用自动保存的云程序；当你在做重要的事情时要告诉别人；把个人物品收拾好；制定一条新规定，即未经允许，任何人不得擅自使用你的私人物品。

你需要做的

将 ABC 模型付诸实践。下面是一份 ABC 愤怒模型表，你可以复印几份来填写。回想最近让你生气的一件事情，并像上面的例子一样，使用 ABC 模型来应对发生的事情。

ABC 愤怒模型

A. 激发事件（让你愤怒的情景）是什么？ _____

_____

B. 你对这件事的非理性看法是什么？ _____

_____

C. 这些看法所导致的结果是怎样的？ _____

_____

控制你的愤怒就像学习字母 ABC 一样简单。下次当你发现自己对某件事生气时，可以使用 ABC 模型来帮助你应对。这个模型将帮助你从另一个角度看待事物，并摒弃任何非理性的看法。你可以通过将上面的"ABC 愤怒模型表"复印几份，以随时提醒自己。当你每次面对需要理性思考的情景时，都可以使用这个表格。

活动 15 | CHAPTER 2 | 愤怒的动力

愤怒的发展阶段

你需要知道的　愤怒会阶段性地发展。通过了解愤怒的发展过程，你可以学会迅速识别自己在何时会开始生气，并在你被愤怒控制之前阻断它。

下面的故事说明了愤怒发展的各个阶段。在你阅读以下情景时，想想当你愤怒时你所经历的阶段。

阶段 1. 你的"愤怒按钮"被触发

亚历克斯正在为他的足球比赛做准备。他看了看表，现在是下午5:15。他需要在15分钟内赶到球场，但家里却没人开车送他。"我的爸妈在哪里？"他试着给父母打电话，但没人接。每过一分钟，亚历克斯都变得更加愤怒。

亚历克斯的"愤怒按钮"是什么？如果你猜是"迟到"，那么恭喜你，答对了！

阶段 2. 你通过告诉自己不合理和扭曲的信息来证明自己的愤怒是

合理的

当亚历克斯焦急地等他父母的时候，他一直在想：当我到球场的时候，比赛已经快要结束了，我将被球队开除！

愤怒会扭曲现实。请注意亚历克斯是如何让他相信自己的想法的，这导致了他对别人的指责和对事件的夸大，让想象中的情况比实际情况更加糟糕。

阶段3. 基于你愤怒的想法和情绪，相应的行为反应开始产生

下午5:40，亚历克斯的爸爸把车开进车道，并按响了喇叭。亚历克斯冲出了他的房间。他感到心脏狂跳，怒火中烧。他猛地打开车门，把足球装备扔到后座，然后跳上座位，"砰"的一声关上了门。"快走吧，现在！如果我被球队开除，那都是你们的错！"

亚历克斯的压力助长了他的愤怒情绪。他没有考虑到他父亲迟到的可能原因，比如汽车故障或交通事故。当你生气的时候，你很容易被自己的情绪所蒙蔽，而没有考虑到其他的情况。

你需要做的

　　一旦亚历克斯的"愤怒按钮"被触发，它便会经历一系列阶段，并最终发展成一个全面的愤怒事件。请在下面的横线处，为亚历克斯的故事写一个新的结局。想想他应该如何以不同的方式与自己的"愤怒按钮"互动，并指出他应该如何克服不合理和扭曲的想法。设想当他到达球场时，与自己冷静状态下的行为表现相比，他在愤怒状态下会有什么行为表现。

_____
_____
_____
_____
_____
_____
_____
_____
_____
_____

你还可以做得更多

回忆一下你愤怒时的情景，并描述你愤怒发展的各个阶段。

● 阶段 1. 你的"愤怒按钮"被触发。（什么事情会让你感到愤怒？）

_____
_____
_____

● 阶段 2. 你的认知被扭曲。（你对自己说了什么来证明你的愤怒是合理的？例如：这都是别人的错吗？或者你在收集到所有实情之前就得出了错误的结论吗？）

_____
_____
_____

● 阶段 3. 你对自己扭曲的想法和情感所做出的行为反应。（你扭曲的想法是如何影响你的行为反应的？）

_____
_____
_____

● 人们常说"事后诸葛亮"。这句话的意思是，如果你可以回到过去，你会根据你现在所知道的信息做出不同的选择。回顾你以往的愤怒情景，根据你现在对自己愤怒发展阶段的了解，来说明你会做出哪些不同的选择。

_____
_____
_____
_____
_____
_____

活动 **16** | CHAPTER 2 | 愤怒的动力

权衡你的选择

> **你需要知道的**
>
> 生活中的某些决定往往会比其他决定更容易做出，但在愤怒情绪下做出的决定经常会导致糟糕的结果。当你情绪激动时，便很难清醒地思考。这就是为什么当你愤怒时，仔细地权衡各种选择是很重要的，这样你就不会做一些令自己后悔的事情了。

你会在生活中做出很多的决定。有些是微不足道的，比如约会时穿什么或看哪部电影。有些则是事关重大的，可能会改变你的生活，比如坐醉酒的朋友开的车，背着父母偷偷溜出去参加派对，或者在学校和你讨厌的人打架。

愤怒会影响你的判断，让你更难做出正确的决定。学会通过权衡选择来思考各种决定的利弊，将帮助你以最小的损失做出最好的选择。

你需要做的

埃文的几个朋友告诉他，科迪在放学后要找他打一架。从新学期开始，科迪就一直在说埃文的坏话，在忍受了科迪两个月后，埃文也终于受够了。这次，埃文情绪达到了爆发点，他非常愤怒，脑子里只想着要让科迪永远闭嘴。尽管他对科迪很生气，但他不确定打架是不是一个解决问题的办法。

在埃文做出任何他将来可能会后悔的事情之前，他决定停下来权衡一下各种选择的利弊。他列出了以下几种情况：

- 让科迪永远闭嘴会让自己感到很爽。

- 我会被学校开除的。

- 科迪以后不会再说我的坏话了。

- 这可能会影响老师对我的看法。

- 我可能会被警察以故意伤害罪起诉，并且要上法庭。

- 有人可能会受重伤。

- 我父母会对我感到失望。

- 这能告诉别人：别惹我。

除了上面列出的，你还能想出更多打架的好处或坏处吗？

_____
_____
_____

判断上面列的每一项是有利还是有弊，并把它们填在下面表格中，以帮助埃文来权衡他的选择——打架还是不打架。

打架的好处	打架的坏处

在对照利弊之后，你认为埃文应该做出什么样的选择？为什么？

_____
_____
_____

你还可以做得更多

填写下面的表格，想一个你目前需要做的决定（不一定关于愤怒）。通过写出每个选择的利弊来学会权衡选择。

权衡选择	
需要做的决定：	
打架的好处	打架的坏处

每次你要做决定时，都可以通过权衡各种选择的利弊来做出正确的决定。

CHAPTER
3

沟通的技巧

活动 **17** | CHAPTER 3 | 沟通的技巧

同样的事情，不同的看法

你需要知道的　通常情况下，看待任何一件事的观点都不止一种，但当你处于愤怒之中时，便很难再看到其他的观点，尽管它们确实存在。因此，在同样的情景下，两个人对所发生的事情有两个完全不同的看法是十分常见的。

下面是马洛里看到的情景：

马洛里和凯西去看电影。在影院，马洛里看到她们的朋友萨拉正和凯西暗恋的男孩布莱克坐在一起。马洛里看到这两人在窃窃私语，并且还凝视着对方的眼睛。马洛里简直不敢相信她看到的。她想知道萨拉和布莱克真的在一起了吗？萨拉怎么能这样对凯西，而且凯西的生日就快到了。朋友的背叛——多"棒"的生日礼物啊！

下面是凯西看到的情景：

凯西也注意到了萨拉和布莱克在窃窃私语。凯西真的很喜欢布莱克，所以她一直密切关注着他俩。"那两个人在干什么？"她想，"他们似乎在计划着什么，会不会和我的生日有关？"凯西迫不及待地想看看他们在自己的生日时会准备什么惊喜！

马洛里和凯西都看到了同样的场景，但她们的想法却完全不同。你如何解释或理解一件事被称为"感知"。例如，一方面，凯西信任布莱克和萨拉，所以她不认为他们做错了什么。而另一方面，马洛里却做了最坏的打算。你是否曾经也遇到过这样的情况，即你对同一件事的理解与其他人不同？

你需要做的

在一些冲突中,你的看法可能会带有偏见,导致即便一个情况存在其他方面,你也只看到了其中的某个方面。如何学会从不同的角度看问题?方法之一就是站在别人的角度来思考。这将使你认识到:通常有多种方式来看待同一事物。如果你看不到不同的观点,你可以和别人说一说具体的情况,然后听一听他们对这件事的看法。

在你愤怒的时候是很难看到不同观点的。回忆一个最近让你心烦意乱的事情。在"你的看法"下面,写下你是如何看待这个事情的。接下来,在"别人的看法"下,描述一个局外人是如何从不同的角度来看待这一事情的。下面给你提供一个示例。

- **你的看法:**

  我的朋友没有给我打电话,她一定是生我气了。

  _____

  _____

- **别人的看法:**

  她现在可能很忙,如果她过一段时间再给她朋友打电话,她朋友也会理解的。

  _____

  _____

● 请解释对同一事件的不同看法是如何升级为愤怒的。

● 从不同的角度看问题可以如何帮助你减少愤怒情绪？

你还可以做得更多

看看下面两张图片。如果可以，请找一位朋友和你一起完成这个活动。听取别人的意见将有助于你理解：不同的人看待同一件事的观点可能是不同的。

在左边的图片中，你看到的是一个花瓶还是两个人的侧脸？在右边的图片中，你看到的是一个年轻的女人还是一个年老的女人？如果你两种情况都能看到，请注意你先看到哪一种情况。然后把这些照片给朋友看。你和朋友的看法一致吗？如果不一致，谁对谁错？如果你想继续学习更多关于感知的知识，可以在网上搜索"视错觉"。一个流行的视错觉例子就是网络上的裙子的蓝黑与白金之争。可以上网查找相关图片并谈谈你的看法。

就像这些图片一样，在生活中也有一些情况没有正确或错误的答案，这完全取决于你如何看待它。

活动
18 非言语交流

CHAPTER 3 | 沟通的技巧

你需要知道的　言语并不是人们相互交流的唯一方式。事实上，非言语交流，也被称为"身体语言"，比言语交流更为常用。非言语交流指的是我们通过手势、面部表情、姿势和语气等来表达自己思想的一种方式。因此，交流不仅仅发生在言语之间。

不用言语也能沟通的想法可能看起来很奇怪，但实际上你一直都在使用非言语交流。非言语的交流能将你的想法和感受传递给他人，你甚至不需要张嘴就能传递信息。

下面是人们用身体来表达沮丧和愤怒情绪的一些方式：

• 翻白眼

• 堵住自己的耳朵

• 双手交叉抱在胸前

• 瞪眼

- 竖中指

- 唉声叹气

- 握紧拳头

- 咬嘴唇

- 咬紧牙关

- 不耐烦地跺脚

- 对别人指手画脚

当然，并非所有的身体语言都是不友好的。下面是一些友好的非言语信息：

- 挥手问好

- 微笑

- 拥抱

- 飞吻

- 向别人眨眼

- 轻拍某人的背

- 鼓掌

- 向别人竖大拇指

- 点头同意

你需要做的

在一天的时间里，注意人们是如何用他们的身体语言来交流的。在下面的身体语言交流表中，写下你观察到的任何手势、面部表情或身体交流信号。此外，还要密切关注它发生的场合，以及你认为此人在传递什么信息。

身体语言交流		
身体语言	场景	传递的信息

你还可以做得更多

身体语言有时也会导致交流的不畅。例如，你可能会认为一个男孩对你做鬼脸和翻白眼是在嘲笑你。但如果这是因为他的隐形眼镜给他造成了麻烦呢？或者，你可能会认为一个搓着双手的女孩是觉得冷，或者可能在为某件事担心，但其实她可能只是在涂护手霜。人们很容易对事情作出错误的解释和错误的假设，所以如果你对对方传达的信息有疑问，最好直接上前去询问。

● 你曾经误读过别人的身体语言吗？谈谈当时发生了什么。

_____
_____
_____
_____
_____

● 有人误读过你的身体语言吗？谈谈当时发生了什么。

_____
_____
_____
_____
_____

活动 | CHAPTER 3 | 沟通的技巧

19 认真倾听

> **你需要知道的** 听和倾听是有区别的。听指的是让话语从你耳边溜走，而你不去思考其中的含义。倾听是指集中注意力，有意识地去关注言语背后的意义。

沟通是化解愤怒的重要一环，而做一个好的倾听者也是沟通的重要组成部分。倾听可以帮助你与惹你生气的人建立联系，这样你就能从对方的角度来看待问题。当你愤怒的时候，倾听别人的话语可能会很难，但这并不是不可能——只是需要大量的练习和技巧。

好的倾听者往往有以下共性：

- 他们会专注于正在说话的人。

- 他们会保持眼神交流。

- 他们在合适的时候会通过点头或微笑来表示自己的兴趣。

- 他们会重述说话者的观点来确认自己理解了对方的意思。例如，一个优秀的倾听者可能会说："你的意思是……吗？"或者"你说的是……"。

- 他们会听别人说完自己的想法，而不会中途打断对方。

- 他们会向说话者提出一些疑问，以帮助自己更好理解对方所说的内容。

你需要做的

● 你是否在某个时刻展示了良好的倾听技能?比如当一个朋友遇到困难需要帮助的时候。请写下来。

_____
_____
_____
_____
_____
_____

● 在这个过程中你是怎么做的,表明你真的在倾听对方说话?例如,你是否在交流中与对方保持眼神交流或复述(用你自己的话复述)对方所说的话?

_____
_____
_____
_____

现在,回想一下别人认真倾听你说话的场景。

- 你怎么知道对方在认真倾听？

- 当有人关注你说的话，并表现出你说的话对他们很重要时，你的感受是怎样的？

- 当你愤怒的时候，一个好的倾听者对你有什么帮助？

你还可以做得更多

　　成为一个优秀的倾听者需要不断练习。而锻炼倾听技巧的一个好方法便是和一个亲密的朋友交谈。下次朋友和你分享一些事情的时候，尝试专注地去倾听。在谈话结束后，回顾一下自己在倾听时的专注程度。

● 你会给自己倾听时的专注程度打几分？

● 你做了什么来表明你在认真倾听别人讲话？

● 你认为一个好的倾听者还可以做到哪些？

| 活动 | CHAPTER 3 | 沟通的技巧 |

20 言语的重要性

> **你需要知道的**
>
> 你说什么和怎么说都是很重要的。通常情况下，在你愤怒时，你可能会提高你的嗓门，并指责别人做错了。你的用词选择也会影响到他人的反应。你的话语可以鼓励人们去倾听你说的话，也可以让他们不想听你说的话。总而言之，你的言语真的很重要。

愤怒会导致指责性的言语（把责任推到别人身上）。当人们感受到攻击性时，他们通常会选择停止倾听，并开始考虑予以回击。指责性的言语——比如"应该""总是""必须"和"从不"——会导致争论和冲突。但在有指责性的言语之外，也有可以缓解愤怒并促成有效沟通的言语。这些言语被称为非指责性言语。

下面是几个相关的例子：

1. 当你对一个经常和你一起吃午饭的朋友发脾气后，他在吃午饭时便坐到了另一张餐桌旁,留你一个人吃午饭。

指责性的言语:你总是不理我!

非指责性的言语:当你不和我一起吃午饭时,我感到难过和害怕,因为我觉得你不再喜欢我了。

2. 你一直想试着向你的朋友倾诉一些自己家里的问题,但她总是在你说话的时候用手机给别人发短信。

指责性的言语:你从来没听过我说话!

非指责性的言语:当你在我们聊天时发短信,我感到很伤心,我想和你说一些真正困扰我的事情。我感觉你并不在乎我说的话。

你需要做的

现在轮到你来尝试使用这些不同的表达方式了。针对下面假设的情况,写下你将如何用指责性言语来做出回应。接下来,将这种回应改为非指责性言语。

课堂上,你在认真做作业,坐在你后面的人却一直在用铅笔敲打桌子。

指责性的言语:你_____。

非指责性的言语:当_____的时候,我感觉_____。因为我觉得_____
_____。

你的朋友告诉了全班同学你的暗恋对象是谁,这让你感到很难为情。

指责性的言语:你_____。

非指责性的言语:当_____的时候,我感觉_____。因为我觉得_____
_____。

你们小组今天应该在课堂上进行作品展示,但你发现你是你们组里唯一一个做了准备的人。

指责性的言语：你们_____。

非指责性的言语：当_____的时候，我感觉_____。因为我觉得_____
_____。

你一直在打扫房子，只是还没有打扫到自己的房间。妈妈下班回家后，指责你什么都没做。

指责性的言语：你_____。

非指责性的言语：当_____的时候，我感觉_____。因为我觉得_____
_____。

你还可以做得更多

记录你在一周内使用指责性言语的次数。注意它们是否包含"你""应该""总是""必须"或"从不"等字眼。你使用指责性言语的频率是怎样的？在下面的表格中，记录你在一天中所使用的指责性言语有哪些，然后在最后一行统计出每个指责性字眼的次数。

	"你"	"应该"	"总是"	"必须"	"从不"
星期一					
星期二					
星期三					
星期四					
星期五					
星期六					
星期天					
总计					

● 回顾这些指责性言语。你在选择这些字眼时是否存在某种模式？如，有没有一个字眼你用得比别人多？

_____
_____
_____

● 请说明，当你愤怒时，谨慎选择言语的重要性。

_____
_____
_____

活动 **21**

CHAPTER 3 | 沟通的技巧

反应"过滤器"

你需要知道的　当我们愤怒的时候，很容易不假思索就说出自己的想法。我们经常让未经"过滤"的想法脱口而出。学会如何选择我们的反应方式可以帮助我们避免说或做一些我们将来可能后悔的话或事情。

卡莉无法忍受艾丽总是在其他朋友面前贬低她。她私下也没有和艾丽谈论过自己对此的感受。可是有一天，艾丽做得实在是太过分了。几个月以来，卡莉一直在压抑自己的愤怒，而就在那一刻，她们激烈地吵了起来，卡莉开始对艾丽恶语相向，她威胁艾丽，向她喊着粗俗的话，并侮辱艾丽的长相。因为卡莉和艾丽是朋友，所以卡莉知道艾丽的痛点。当卡莉斥责艾丽时，每个人都震惊地站在那里，鸦雀无声。这一次，艾丽哑口无言。当卡莉说完后，她感到如释重负，但随后她看到她的朋友们都怒视着自己，泪水也从艾丽的脸上流下来。"哦不，我做了什么？我不该这么鲁莽的"，卡莉想。

有很多不同的过滤器可以帮助我们净化东西，例如，水质过滤器可以把杂质从我们喝的水中去除，咖啡过滤器可以把咖啡渣从我们喝的咖啡中去除。过滤器的作用是去除不需要的杂质。就像我们在日常生活中使用的过滤器一样，我们的大脑也有一个内置的过滤器，但是当我们愤怒的时候，我们可能会忘记使用它。

愤怒会产生很多不好的想法。它可能告诉我们某人很愚蠢、很丑陋，甚至毫无价值。虽然这些想法源于我们的愤怒，但大声说出来对我们并没有益处，反而会造成极大的伤害。很多时候，那些发泄愤怒的人都希望能改变自己曾经做出过的反应，但这些话语一旦说出口，就无法收回了。

下面有五种方法可以帮助我们"过滤"自己的反应：

1. 不要在情绪激动的时候做出反应。
2. 清空你的思绪，并远离当前的情景。
3. 先慢下来，通过列出相应的利弊来权衡你的选择。
4. 说话之前先想好要说什么。
5. 不要把事情憋在心里；要尽早解决棘手的问题。

你需要做的

- 通过思考卡莉所处的情景来练习"过滤"自己的想法。再回顾一遍这个场景,并描述卡莉可能体验的每一种情感。

_____

_____

_____

_____

- 在这场激烈的争吵中,可能出现了哪些未经"过滤"的话语?例如,在这种情景下你可能会说些什么?

_____

_____

_____

_____

- 卡莉的行为所带来的后果是怎样的?

_____

_____

_____

_____

● 想办法"过滤"这种情景。使用上文的5种方法来帮助卡莉"过滤"自己的反应,并为卡莉的故事写一个新的结局。不幸的是,在现实生活中是没有回头路的,所以我们最好从错误中吸取教训,这样才不会重蹈覆辙。

你还可以做得更多

- 谈谈你没有对自己的愤怒反应加以"过滤"的一次相关经历。

- 描述一下你未经"过滤"的反应所造成的后果。例如,你是否因此失去了一个朋友?

- 如果你可以回到过去,并"过滤"你的反应,你会怎么做或怎么说?

活动 22 | CHAPTER 3 | 沟通的技巧

社交媒体与愤怒

你需要知道的　当你生气的时候，在网上发布东西是最糟糕的一种行为反应。当你在网上发布东西时，你便相当于允许别人介入到你的事件当中，并最终可能导致一场闹剧。这就是为什么想清楚该不该在网上发帖是十分重要的。

在网上交流比当面交流要更加容易，这是因为屏幕似乎能给我们一些安全感，但它隐藏了能让我们解读他人反应的重要社交线索，而这些线索能让我们读懂另一个人的反应。当我们与他人面对面交流时，对方会释放出一些线索以帮助我们理解他们对信息的反应，但当我们用键盘交流时，我们是看不到对方的表情，也听不出对方的语气的。如果我们能透过屏幕发觉这些社交线索，我们便可能会意识到自己的一些网络行为或许会造成伤害。

想想看……

- 当我们用电话进行言语交流时，对方的声音会有所暗示，由此我们可以察觉到对方的情绪。

- 当我们面对面交流时,我们可以观察到对方的非言语行为并听到他们说的话。

- 当我们在网上交流时,我们无法知道自己的话是如何影响对方的。

- 当我们在网上发布东西时,其他人很容易介入我们的事情中,并挑起更多事端。

知道如何以及何时在社交媒体上做出反应是十分重要的。在你做出反应之前,问问自己这五个"W"——谁(Who)、什么(What)、何时(When)、愤怒指数的位置(Where)、为什么(Why)。

1. 谁会看到我发布的东西?你的家人、同学、老师、教练也能看到你发布的东西,你对此没意见吗?

2. 我想要做什么?你是想解决问题还是想报复别人?

3. 我什么时候发布这个消息?是否需要立即发布消息,或者可以等一会?

4. 我的愤怒指数是多少?在1到5的范围内,1代表放松且不生气,5代表暴怒,我的愤怒情绪位于愤怒指数的哪个位置?如果它大于3,那么离开键盘,不要发布任何东西。

5. 我为什么发布这个消息?是为了报复某人,让他们难堪,还是告诉他们我是对的、他们是错的?

你需要做的

托马斯已经受够了。在学校和社交媒体上，利亚姆散布谣言，说托马斯欺骗了他的好朋友玛丽亚。尽管托马斯已经告诉玛丽亚这不是真的，但有人已经开始掺和这件事了，并散布谣言让情况变得更糟。后来在家里，托马斯看到利亚姆又发布了一条谣言，然后他收到了玛丽亚的信息，说："我们不再是朋友了！"托马斯感到失去了控制，他的怒火开始上升。他把手指放在键盘上，开始输入一些恶毒的话语来回应利亚姆——他会后悔搞砸了我和玛丽亚的关系的！托马斯打开手机相册，翻到了一张照片，上面是利亚姆在派对上做的一件他绝对不想公开的事情，托马斯选择了这张照片并开始上传……

把自己放在托马斯的处境中，并通过上述的五个"W"来完成活动：

1. 谁会看到这个发布的消息？列出除了利亚姆之外，能看到这个消息的人并指出可能造成的危害。

---

2. 托马斯发布这个消息的目的是什么？

---

3. 托马斯应该什么时候发布消息？他想立刻发布这条消息的迫切程度是怎样的？他应该采取什么行动？

4. 你觉得托马斯的愤怒指数是多少？

5. 你觉得托马斯为什么会发布这条信息？

你还可以做得更多

回忆一件你在网上发布的或看到的不友好的事情。并把它写在下面的表格中（也被称为社交媒体的五个"W"），然后按照这五个"W"来完成这个表格。

社交媒体的五个"W"

我

今天

网上发布的帖子：_____

_____

_____

_____

_____

五个"W"

谁能看到：_____

_____

目的是什么：_____
_____

发布时间：_____
_____

愤怒等级是多少：_____
_____

发布原因：_____
_____

为了帮助你记住在发布消息之前要多思考，你可以把这五个"W"的表格复印一份或拍照打印下来。下次当你要做出冲动性的反应时，可以用该表来帮助你做出最好的选择。

活动 **23** | CHAPTER 3 | 沟通的技巧

批评与赞美

> **你需要知道的**
>
> 被赞美会让大多数人的内心感到愉悦。相反，被批评则会让人感到糟糕和受伤。不幸的是，当我们愤怒时，我们往往会专注于批评别人，从而忽视了他们的优秀品质。

体育课上，阿曼达的心情很好，于是她便情不自禁地开始唱歌。而詹娜今天心情却很糟，她很快就受够了阿曼达的歌声，并大声喊道："喂，你都唱跑调了，快别唱了！就当帮我们个忙，快闭嘴吧！"

你觉得在遭受这次言语羞辱后，阿曼达会有什么感受？也许她会感到尴尬和受伤，也许还有点愤怒。用言语来贬低别人是很容易的，但是你试过用言语来夸奖别人吗？你会得到截然不同的反应。当有人称赞你说"你今天看起来很精神"或"你是个很棒的吉他手"时，你会不会感觉很好？你也可以为别人做同样的事情！

你需要做的

请在你认为可以用来赞美别人的句子前面打钩（✓），在那些会让人不开心的句子前面打叉（×）。

_____ 你的帮助对我很重要。

_____ 你需要保持好的身材。

_____ 你真愚蠢。

_____ 你是一个了不起的艺术家。

_____ 你做什么事都是错的。

_____ 你做得很好！

_____ 你通过了测验。

_____ 你是一个很棒的倾听者。

_____ 你很擅长运动。

_____ 你总是不听话。

_____ 你总是搞砸。

_____ 你真的很棒。

_____ 你帮大忙了。

_____ 你太懒惰了。

_____ 你的声音很烦人。

_____ 你真是无可救药。

_____ 你是个很好的朋友。

_____ 你非常值得信赖。

_____ 你真是个怪人。

你还可以做得更多

有时候当你自我感觉不好的时候，你是很难接受别人的赞美的。例如，如果有人告诉你你很聪明，但你却认为自己很愚蠢，那么你就可能不会相信他们的话。回想一下别人对你说过的那些你不相信的赞美的话，把它们写在下面的对话框里。你是否曾经收到过关于同一件事的多次赞美，而你却不相信其中的任何一个？如果是，那么这些赞美是什么样的？你怎么才能放手接受别人对你的赞美呢？

活动

CHAPTER 3 | 沟通的技巧

24 变得自信果敢

你需要知道的　当你愤怒时，想在攻击、被动顺从和自信果敢之间划清界限是非常棘手的。所有的这些都是沟通的方式，但自信果敢是表达你感受的最好方式。

以下是一些不同风格的沟通类型：

被动顺从型：你不会为自己说话，甚至为了取悦别人而违背自己的想法。因此，人们可能会利用你，并且不把你当回事。

攻击型：你在表达自己的想法和情感时丝毫不关心他人的感受。并且，你也经常使用武力来表达自己的想法。

自信果敢型：你能平静、清晰、自信、真诚地表达自己的需求和想法。你会明确地表明自己的立场，并为自己的权利而大声疾呼，同时也仍然尊重他人的权利。

下面是每种沟通类型在现实生活中的例子：

在课堂上，有个同学想抄你的作业。你花了几个小时去完成这个作业，并且你也不想冒着被老师抓住的风险给他抄作业。

被动顺从型："嗯，好吧，但是我希望我们不要被老师抓住。"

攻击型："你蠢吗？你知道我在这个作业上花了多长时间吗？别来烦我，自己做自己的作业！"

自信果敢型："对不起，我不会让你抄我作业的。首先，这对我来说不公平，因为我在作业上花了很多的时间。其次，被别人发现我们作弊也是不值得的。"

你需要做的

仔细阅读下面的场景。请分别用被动顺从型、攻击型和自信果敢型的回应方式来处理。

你把一件最喜欢的衬衫借给了朋友,但她还给你的时候衬衫却是脏的。

被动顺从型: _____
_____

攻击型: _____
_____

自信果敢型: _____
_____

你的朋友在深夜一直给你发信息,但你已经累了,并且想要睡觉了。

被动顺从型：_____
_____

攻击型：_____
_____

自信果敢型：_____
_____

你借了一些钱给你朋友，但他一直没还你。

被动顺从型：_____
_____

攻击型：_____
_____

自信果敢型：_____
_____

你哥哥弹吉他的声音太大了,影响你做作业。

被动顺从型:_____
_____

攻击型:_____
_____

自信果敢型:_____
_____

看电影时,你身后的人一直在说话。

被动顺从型:_____
_____

攻击型:_____
_____

自信果敢型:_____
_____

你已经在商场等你朋友一个多小时了。

被动顺从型：_____
_____

攻击型：_____
_____

自信果敢型：_____
_____

你还可以做得更多

你是更偏向被动顺从型、攻击型还是自信果敢型？回答下面的问题，并思考自己在哪些方面需要付出更多的努力。

哪怕你的观点和别人的不同，你也会主动提出来吗？	☐ 是	☐ 否
当你不清楚的时候，你会通过提问弄明白吗？	☐ 是	☐ 否
当你不想做某件事时，你可以没有罪疚感地说"不"吗？	☐ 是	☐ 否
当别人企图占你便宜时，你会大声维护自己的权益吗？	☐ 是	☐ 否
你会直面问题而不是回避它们吗？	☐ 是	☐ 否
你能接受批评并且不生气吗？	☐ 是	☐ 否
你能表达自己的感受并接受他人的感受吗？	☐ 是	☐ 否

如果你对上述三个以上问题的回答是"否"，那么你可能需要回顾一下本部分（"沟通的技巧"部分）前面的相关活动，以帮助你更好地表达自己的感受，而不是直接付诸行动或把事情闷在心里。

记住，你有权利表达自己对事物的感受。你有拒绝的权利，你有为真理发声的权利，你有持反对意见的权利，你还有做自己的权利！你越是练习让自己自信果敢，它就越容易做到。

CHAPTER 4

处理你的愤怒情绪

活动 **25**　CHAPTER 4 ｜ 处理你的愤怒情绪

保持洞察

你需要知道的　我们有时会对某些情景产生过激的反应，但过于频繁的过激反应会导致一些大问题出现。保持洞察意味着你要认识到：在你小题大做时，事情会变得比原来更糟。当你以正确全面的眼光看待事物时，你便会着眼于大局，学会泰然处之。

麦迪逊度过了她一生中最糟糕的一天。她完全忘记交自己的学期论文了，而且她还因为睡过头上学迟到了。"今天会结束吗？"她问自己。下课铃终于响了，她也该回家了。麦迪逊赶紧抓起她的书包，冲出教室。她在走廊走到一半时，突然意识到她的书包比平时轻了很多，她打开书包一看，发现自己的书不见了！她发疯似的跑回教室，想看看是否落下了什么东西。在回教室的路上，她注意到她的朋友海莉和克洛伊站在学校喷泉旁边，看起来是想对自己恶作剧。"怎么了？"海莉得意地笑着，并拿出麦迪逊的一本书给她看。

"我现在没心情管这个！"麦迪逊尖叫着，一把抓过书，把它重重地摔在地板上，然后弯下腰把书放进书包里。声音在大厅里回荡，同学们慢慢地聚集在一起看着这场"好戏"。海莉看着麦迪逊，摇了摇头。"你是怎么回事？这是你的书啊，我们刚才只是和你开个玩笑。搞笑的是，昨天你把我的运动服藏了起来，但我却没像你这样小题大做。难道只能你向别人发脾气，不准别人向你发脾气？"海莉和克洛伊扬长而去，留下麦迪逊在众人的注视下哑口无言。

像麦迪逊这样的事情在你身上也发生过吗？我想很多人的答案是肯定的。这种情况若是发生在你心情不好的时候，任何一件小事都能把你逼到崩溃的边缘。不过，幸运的是，通过保持洞察，你可以很好地管理自己的行为，而不是每件事都小题大做。例如，下面是麦迪逊可以用来正确处理问题的一些策略：

了解自己的情绪。麦迪逊知道自己心情不好，因为她已经度过了糟糕的一天。当她知道朋友们拿了她的书时，她可以静静地把书拿回去，而不是大吵大闹。

从另一个角度看问题。麦迪逊原本可以从海莉和克洛伊的角度来看待这件事。这样，麦迪逊便可能意识到，她们只是在开玩笑，以报复自己在体育课上的恶作剧行为。她们其实并没有恶意。

说出自己的感受。与其大动干戈，麦迪逊不如直接简单地和朋友们分享她糟糕的一天，这样她们就会知道今天不是适合恶作剧的日子。也许她们会主动帮她把东西收拾好，这样她就能早点回家了。

用幽默化解。既然她的朋友们都在开玩笑，麦迪逊也可以顺着她们说："好吧，这很好玩，我想这次是我输了，但现在我得赶紧回家了。你们能帮我把东西放回书包里吗？"

你需要做的

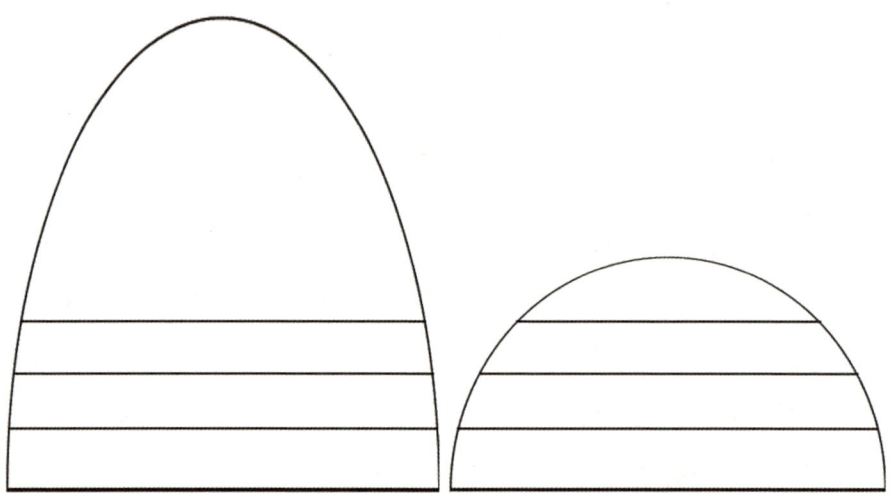

大山

在大山上，简单描述一件你反应过激的事情。

山丘

在山丘上，列出一些正确看待事情的方法。

你还可以做得更多

- 你认为怎样才能意识到自己的想法和感受,避免反应过激和小题大做呢?

- 如果你反复对某些情景有过激的反应,你认为这会如何影响你与他人的关系?

- 你因为反应过激而导致过哪些不好的后果?(例如,你是否因此失去了朋友或被学校处罚?)

- 正确看待事物如何帮助你控制自己的愤怒?

活动 **26** | CHAPTER 4 | 处理你的愤怒情绪

了解真相

> **你需要知道的**
>
> "假设"指的是相信某件事是真的，但没有任何证据来支撑它。基于对一条信息的假设来做出反应会让你陷入深深的麻烦之中。因此，在你做出反应之前弄清楚事实是很重要的。

艾玛很喜欢学校新来的一个学生：斯凯勒。当她告诉朋友安吉尔自己有多喜欢斯凯勒后，安吉尔坚持要给他们牵线搭桥。"不！什么也别和别人说。我是认真的，安吉尔！"艾玛辩解到。经过艾玛的一番劝说，安吉尔终于让步了，并向艾玛保证自己会保守这个秘密。

那天吃午饭时，艾玛匆匆赶到餐厅，希望能遇到斯凯勒。但当她扫视餐厅时，她发现，安吉尔正和斯凯勒坐在一起，并全神贯注地交谈着。"噢，不！我不敢相信她会这样对我。"艾玛朝他们走去，心里想着安吉尔已经把所有事情都告诉斯凯勒了。艾玛每走一步，她都感到自己的怒火在燃烧，脑子里飞快地想着该对安吉尔说些什么。最后，她走到桌边，面对着她曾经信任，但却在背后捅自己刀子的最好的朋友。

要是艾玛知道就好了，安吉尔从来没有辜负过她的信任。

在这个故事中，艾玛做出这样的反应是因为她认为安吉尔辜负了她的信任，告诉了斯凯勒艾玛对他的感情；艾玛的反应只是以这些想法为根据，而没有任何事实可以支撑。

人们很容易做出错误的假设，并将其当作事实接受。你曾经是否在自己一点实际线索都没有的情况下，假设自己已经了解事情的走势？当你发现自己在做这样的假设时，可以试着这样做：

不要以自我为中心。每当你发觉你认为自己知道别人在想什么、说什么或做什么的时候，请确保你在做出反应之前已经掌握了相关的实情。

不要做最坏的打算。你可能错误估计了当前的形势。试着从别人的角度看问题，而不要只专注于你"认为"你知道的事情。

不要草率地下结论。你认为的正在发生的事情可能并不是实际发生的事情。去寻找事情的真相，因为如果你不这样做，你便可能会得出错误的结论。

在作出假设之前先多方询问。当你能从事件根源获得事实时，就不要做假设。也不要轻易相信别人对你说的话，因为他们可能在试图引起更多的麻烦或闹剧。如果你想知道事实，你一定要多问多想。

你需要做的

帮助艾玛弄清楚事实,以纠正自己的反应。使用前面给出的一些方法和建议,改写艾玛的故事,让她不会面临失去好朋友的风险。

你还可以做得更多

- 你曾经在某种情况下做出过错误的假设吗?谈谈当时发生了什么。

- 回忆一下当你发现自己错了的时候内心的一些感受。例如,你是否感到羞愧或尴尬?

- 如果你在做出反应之前了解到了所有的事实,结果会发生怎样的变化呢?

活动 | CHAPTER 4 | 处理你的愤怒情绪

27 处理冲突

> **你需要知道的**　有些人善于处理冲突，而有些人只会加剧冲突。人们在处理冲突时会有一些特定的方式，其中一些方式会比其他方式的效果更好。

下面是一些人在应对冲突时常用的方式：

竞争型：要么听你的，要么滚蛋。不管付出什么代价都一定要赢。你可以指责别人做错了。你总是对的。无论如何，你都要掌握最终话语权！

受气型：你很容易让别人利用你。你很难拒绝别人，因此你便成了被别人踩在脚下的受气包。你讨厌别人利用你，但你什么也不会说，什么也不会做，因为你希望每个人都喜欢你。

死扛型：当情况糟糕时，你就会逃避！不管你有多生气，你都会不惜一切代价地避免和别人发生冲突。你告诉自己：我什么也做不到。你很少能找到解决问题的办法。你只是把事情都闷在心里。不必说，你一定有不少未解的心事。

协作型：当你和别人发生冲突时，你会把注意力集中在发生的事情上，而不是去盲目攻击别人。你的目标是通过折中妥协的方式来解决冲突。如果你不能找到解决的方案，那么你会试图和平地接受不同的意见，然后继续前进。

　　你认为哪种冲突应对方式效果最好？如果你的回答是协作型，那么恭喜你，答对了！协作型的人试图获取所有的事实，从不同的角度看待事物，并在得出结论之前权衡自己的各种选择。

你需要做的

阅读下面这些例子并判断主人公使用了哪种应对冲突的方式。把你的答案写在横线上。正确答案附在本活动的最后。

数学对凯蒂来说一直都是心头大患。不管她怎么努力学习,她都无法取得进步,但她爸爸就是不明白这些。他总是抱怨凯蒂的数学成绩:"别为这么差的成绩找借口了,凯蒂。我受够了总是接到你数学老师的电话。我希望你的数学成绩能好点,我不想接受任何低于A的成绩,明白吗?"凯蒂希望她能坦诚地告诉爸爸数学对她来说有多难,但她害怕爸爸会更加生气。"好的,我会更努力的。"凯蒂很快冲进了自己的房间,关上了门。愤怒的泪水从她脸上流下来。为什么爸爸就是不明白她已经很尽力了呢?

马特最好的朋友艾登这次真的伤害到了马特。这几个月以来,马特一直在告诉艾登自己有多喜欢佩顿。而艾登怎么能背着自己约佩顿出去呢?马特很愤怒,但他担心如果他对艾登说了什么,自己便会失去最好的朋友,也许自己应该什么都不说。佩顿和艾登在一起可能会比和自己在一起更好。

西德妮发现妈妈在看她的日记。"她怎么能这样？"西德妮深吸了一口气，说："妈妈，你为什么在看我的日记？你不信任我吗？如果你想知道什么，就尽管问吧。"接着，西德妮和妈妈一起探讨了关于隐私和信任的话题。在谈话结束时，西德妮的妈妈同意尊重西德妮的个人空间。相应的，西德妮也同意和妈妈分享更多自己生活中发生的事情。

格蕾丝和莱丽在为周末的计划激烈讨论着。莱丽想邀请学校里新来的女生加入她们，但格蕾丝却不喜欢这个女生，并且不想和她在一起。因此，莱丽认为格蕾丝是个自大的人，所以她决定自己和新来的女生一起出去玩——不和格蕾丝一起。新来的女生在网上上传了一些她们出去玩的照片，这被格蕾丝看到了。格蕾丝被激怒了，她给莱丽发了很多恶毒的短信。格蕾丝给莱丽下了最后通牒：要么和我做朋友，要么和那个新来的女生做朋友！

想想你通常是如何应对冲突的。根据使用频率1～4来给下列应对方式排序（1＝最常用，4＝最不常用）。

_____ 竞争型

_____ 受气型

_____ 死扛型

_____ 协作型

● 如果你还使用了不同的方法来处理冲突，请在下面写出来。

● 询问几个了解你的人，他们认为你最常使用哪种方式来处理冲突。在下面写下他们的回答。

你还可以做得更多

接下来，选择你在愤怒时最常用的应对冲突的方式。写下你在哪个事件中使用了该方式。如果用协作型的方式处理，会是什么样？

● 最常用的应对冲突的方式：_____

● 事件发生的情景：_____
_____
_____

● 用协作型的方式处理该事件：_____
_____
_____
_____
_____

1. 死扛型　　2. 受气型　　3. 协作型　　4. 竞争型

活动 28 | CHAPTER 4 | 处理你的愤怒情绪

建设性地处理愤怒

你需要知道的　你可以利用你的愤怒来毁掉或改善你的生活。你是想让愤怒毁掉你的人际关系、健康、声誉以及你的生活，还是想用健康、积极、富有成效的方式来利用你的愤怒，改善你的生活？愤怒不一定是破坏性的，它也可以是建设性的。到底怎样与愤怒相处，决定权在你自己手中。

胡安这次真这么做了。当胡安正全神贯注地玩电子游戏，并且马上就要通关时，5岁的弟弟开着玩具飞机跑进了胡安的房间。突然，弟弟被电线绊倒了，把插头从墙上拔了下来。胡安的游戏屏幕立马黑了，他呆住了。胡安很愤怒，拿起游戏遥控器就向弟弟扔去。遥控器砸在弟弟的腿上，弟弟开始大哭起来。胡安听到妈妈朝房间走来的脚步声，心想："是他毁了我的游戏，活该！"

妈妈确定弟弟没事之后，她便禁止胡安继续玩游戏了。"胡安，你生气是一回事，但你的行为又是另一回事。你刚才可能真的伤到你的弟弟了。"胡安看了看弟弟，发现他腿上有一块红色的伤痕。他感到很害怕,心想:要是当时我关上门就好了,这事就不会发生了。当时我应该离开房间去冷静一下而不是大发雷霆。我差点把弟弟打成重伤,就因为这一个愚蠢的游戏。它不值得我这么做。

胡安已经开始思考他该如何建设性地处理这种情况了,只是在他当时的情况下为时已晚,他已经伤害到别人了。和胡安不同,你不必等你做了一些破坏性的事情才去思考自己应该如何应对这种状况。

你需要做的

阅读下面一些具有破坏性的愤怒情景,并回答相应的问题。

阿什莉想提升自己的科学成绩。当她在生物课上记笔记时,迪伦不停地向她扔小纸片。"好烦啊!"阿什莉想,"如果迪伦再这样,那她就完了!"当老师继续描述光合作用(指绿色植物通过叶绿体,利用光能,把二氧化碳和水转化为有机物,并且释放出氧气的过程)的过程时,迪伦又向阿什莉扔了一个纸片。于是,阿什莉在椅子上转过身,开始冲着迪伦大喊大叫。最后,阿什莉因为扰乱课堂秩序而被叫去了校长办公室。

● 指出阿什莉的破坏性行为可能造成的后果。

_____
_____
_____
_____

● 阿什莉怎样才能建设性地利用她的愤怒来避免课堂上的冲突呢?

_____
_____
_____
_____

亨特六个月前才拿到驾照,但他已经有两次交通违规了。当他开始准备变道时,另一名司机正好停在了他的前面,亨特差点就追尾了。"我得从这个混蛋旁边过去!"他想。他踩下油门,调转车头,在限速72千米的路段内加速到了每小时96千米。亨特还没来得及减速,交警就拦住他了。

● 亨特具有破坏性的愤怒反应可能导致哪些后果?

● 亨特本可以做些什么来建设性地处理这种情况?

你还可以做得更多

- 谈谈你破坏性地应对愤怒情绪的一次经历。

- 你具有破坏性的愤怒情绪造成了什么后果?

- 利用你现在所了解的情况,你该如何以一种更有建设性的方式来处理这种破坏性的愤怒情绪?

活动	CHAPTER 4	处理你的愤怒情绪

29 对自己的行为负责

你需要知道的　当事情出问题时，指责别人比检讨自己要容易得多。但是指责别人并不能解决冲突，相反，它只会让事情变得更糟。在指责别人之前，先问问自己："我在整件事情中扮演了什么角色？"一旦你学会对自己的行为负责，你就不太可能会把所有的责任都推到别人身上了。

卢卡斯知道，带手机去学校是违反校规的，但他还是忍不住想要炫耀一下自己最新款的手机。在英语课上，埃里克想要看看卢卡斯的新手机。卢卡斯便把手伸进了口袋，然后把手机递了过去。就在埃里克看手机的时候，他们的老师突然走了过来，并没收了卢卡斯的手机。老师告诉卢卡斯，他的父母必须到学校来才能取回手机。卢卡斯还因为违反了校规而受到了课后留校的处罚。卢卡斯对埃里克很生气，如果不是埃里克非要看手机，这一切都不会发生！

你遇到过类似的情景吗？显然，卢卡斯手机被没收以及他被处罚并不全是埃里克的错，但当人生气的时候，便很容易把事故的责任都归咎于别人。如果卢卡斯能退一步，看看自己的行为是如何导致这种结果的，那么他可能也要承担一部分责任。

艾比讨厌照看她的妹妹凯拉。凯拉总会带来各种状况，有她在，艾比什么事都做不了。这天，艾比父母要外出，把凯拉交给艾比。当艾比和朋友打电话时，凯拉拿着妈妈的口红，在客厅的墙上一通乱画。父母回到家后，对艾比感到非常生气。由于艾比没尽到照看妹妹的责任，他们给艾比关了一个月的禁闭。艾比想："这不公平！又不是我干的！"

你是否想起了自己受到过的不公平待遇？如果艾比能从整个事情的大局来看，她可能会意识到，自己也有错，而不会总觉得是因为妹妹做的事情才受到了指责。她也许会意识到，是自己照看妹妹时出现了疏忽，从而导致自己受到惩罚。

你需要做的

帮助卢卡斯和艾比退一步，去了解他们自己在整个事态中发挥的作用。

● 在问题产生的过程中，卢卡斯发挥了怎样的作用？
___
___
___

● 卢卡斯应该怎样为自己的行为负责？
___
___
___

● 在问题产生的过程中，艾比发挥了怎样的作用？
___
___
___

● 艾比应该怎样为自己的行为负责？
___
___

你还可以做得更多

- 你是否有过别人把问题责任都推卸给你，或者别人指责你做了你没做过的事情的经历？当时发生了什么？

- 简要描述一次你把自己的责任推卸给别人，并以此来指责他人的经历。

- 谈谈为什么你认为指责别人比承担责任更容易。

活动	CHAPTER 4	处理你的愤怒情绪

30 让自己远离愤怒

你需要知道的　有一个神秘的小方法可以用来帮助你消除自己的愤怒情绪，它被称为"抽离"。"抽离"指的是在你和令人挫败的情景之间留出空间，以将你与问题情景分开。有人把"抽离"称为采取"冷眼旁观"的方法来解决问题。

　　你看过从外太空拍摄的地球照片吗？从外太空的视角观察地球时，这个世界似乎很小，海洋和大陆都一览无余，同时，也很容易被掌控。但是对于生活在地球上的我们来说，世界似乎是那么广阔，从一个大陆到另一个大陆可能需要花费几个小时甚至几天的时间。有时候，生活中的冲突和问题看起来坚不可摧，但你也可以通过让自己远离这些问题来掌控它们。抽离是一种把自己从当前情境中分离出来的能力，从旁观者而不是当局者的视角去看待它。

你需要做的

通过练习抽离，你可以从一个客观的视角来看待问题情景。首先回忆一下最近你因为某件事而生气或沮丧的时刻——也许有人对你做了错事，或者你觉得自己受到了不公平的对待。回忆并简要描述一下。

_____

_____

_____

现在想象一下，把自己从这个麻烦的情景中分离出来，就像你轻轻地飞到外太空，低头俯视地球一样。当你从外部客观视角来看待问题时，你所看到的就截然不同了。当你在"地球"上的时候，你只能看到你眼前的东西，从而错过"地球"真正的样子。你知道你可以通过类似的视角来看待哪些生活事件吗？试着再次回顾一下你所回忆起的情境，想象自己从中抽离出来，并从另一个视角来看待它。例如：

- 假如这是别人的处境。在这种情境下，你会给他什么建议？

- 把你的情绪从这种情境中分离出来，成为一个中立的观察者。如果不带情绪地去观察这种情境，你会用截然不同的方式来看待相关事物吗？

- 以终为始。你希望这件事的结果是怎样的？有没有一种方法可以在不生气的情况下来达到这个目标？

● 描述一些你可以采取的方法，以帮助你从这种情境中抽离出来。

_____
_____
_____
_____

● 描述一下保持一定的距离来看待事物是如何帮助你应对困难情境的。

_____
_____
_____
_____

你还可以做得更多

雪花水晶球能提醒我们要以旁观者的视角来看待事物。在水晶球内部，有丰富的场景，就像一个冬季仙境。在这样一个场景中，你可能会看到一个村庄或结冰池塘上的花滑运动员等细节，就像你正在以一个新的视角来看另一个世界。"雪花水晶球"是一个很好的工具，可以帮你把自己从问题情境中抽离出来，并从不同的视角来探索问题。制作一个雪花水晶球，让它提醒你：请在自己和问题情境之间留出一段距离。

所需的材料

- 罐子或瓶子——任何有盖子的透明玻璃瓶都可以，比如果冻罐子或耐用的玻璃水瓶。此外，你还要确保盖子不会漏水。

- 闪光粉——选择你最喜欢的颜色。

- 一些小雕像或者其他任何你想放在水晶球里的东西。如果是一个小雕像，你需要用强力胶水把它粘在瓶子的里面。请不要使用任何金属物品，因为它们会生锈。

- 强力胶水（非必需）。如果你想要把东西固定在瓶子里面，你就需要它。

- 甘油（你需要确保它是甘油，因为当你摇晃水晶球时，它能帮助闪光粉漂浮起来）。你可以在药店或超市里买到它。

制作说明

　　往瓶子里装水（装到瓶子快满时就可以了），加入一些闪光粉和几滴甘油（当心，不要加太多，否则闪光粉无法漂浮起来）。如果你想在水晶球里放一个小雕像，那么可以用强力胶水把它粘在瓶子里，然后等胶水变干。雕像固定好后，就拧上玻璃瓶盖，然后轻轻摇晃。让你的水晶球提醒你：有时，你和情境之间保持一段距离可以帮助你更清楚地看待问题。

活动

CHAPTER 4 | 处理你的愤怒情绪

31 利用愤怒获得积极的效果

你需要知道的

尽管愤怒经常会损害个人的名誉，但它也可以是一种非常有用的情绪。有时候，表达愤怒也是维护自己和他人权益的一种方式。例如，如果马丁·路德·金没有愤怒，那么黑人民权运动可能就不会发生。

内森走进洗手间，看见马克正在欺负一个比他小的男孩。马克因为经常欺负别人而臭名昭著。起初，内森以为自己会对这件事视而不见，但后来马克把那个男孩推倒在了地板上。内森再也忍不了了。"放开他！"他喊道。内森从马克身边走过去，伸出手扶起那个小男孩。"还是管好你自己的事情吧！"马克回答道。内森咬紧牙关说："这就是我的事情。"当马克意识到内森不会让步时，他便决定离开了，但在离开之前，马克用胳膊肘顶了顶内森，喃喃道："这事我们没完。"内森怒不可遏，心里只想着去追马克，但他又不想变成马克那样的人。不，他必须用自己的方法来打败马克。

第二天，内森和校长约好讨论校园欺凌的问题。内森说自己对校园欺凌的现象感到非常愤怒，但却没有什么办法来杜绝它。内森建议校长在全校范围内发起一项由学生主导的倡议活动，让学生们站出来反对欺凌行为。校长很喜欢这个建议，并问内森是否愿意带头组织这个活动。"内森，我很自豪，因为你正在建设性地利用你的愤怒，而在这个过程中，你能让我们的校园变得更加安全。当然，我也希望更多的学生能将他们的愤怒转化为改善自己的动力！"

下次当你发现自己愤怒时，接受你的愤怒情绪，并将其转化为有益的行动。下面是一些你可以参考的方法：

- 探索一下到底是什么情境让你的情绪如此激动。例如，是否有人对你做了错事，或者就像上述例子一样，有别人受到了不公平的对待？

- 思考一下你想改变这个情境的哪些方面。例如，你是想要改变某些规定或政策，还是想要加深对某个问题的认识？

- 想出一些建设性的方法来把你的愤怒转化为有益的事物。例如，你能组织一次和平的抗议活动或成立一个社团来唤起人们对这个问题的关注吗？

你需要做的

回忆一下你利用愤怒达到积极效果的经历,也许是在困境中为了别人挺身而出,或者是为了抗议一些不公正的事情。

- 请描述一下当时的情景。

- 是什么事情让你感到如此愤慨?

- 你是如何建设性地运用你的愤怒的?

你还可以做得更多

当人们用愤怒来维护自己和他人的权益时，他们的愤怒便可以成为一种动力，并产生积极的结果。历史上也有许多建设性地利用自己的愤怒并成功改变世界的人。下面便是其中的一些：

1. 马丁·路德·金博士成功领导了美国黑人民权运动。

2. 罗莎·帕克斯为了平等而斗争，被后世称为"现代民权运动之母"。

3. 纳尔逊·曼德拉领导了反对种族隔离制度运动。

4. 坎迪·莱特纳创立了抗议酒后驾驶母亲协会（MADD）。

5. 唐娜·诺里斯对安珀警戒（北美地区在发生儿童绑架案时，通过媒体向大众发布的一种警诫告知）的实行起了重要作用。

6. 马拉拉·优素福·扎伊是位女性教育活动家，她在17岁成为最年轻的诺贝尔奖得主。

深入探究其中一个人的事迹，或者选择其他建设性地利用自己不公正感受的人或组织来进行探究，并解释他们的愤怒是如何引发积极变化的。

_____
_____
_____
_____

CHAPTER 5

愤怒 的 应对机制

活动 **32** | CHAPTER 5 | 愤怒的应对机制

最重要的事情

> **你需要知道的**
>
> 价值观是赋予你生活意义和目标的东西。忠于价值观会让你感到快乐，并对自己的生活更加满足。幸福就是做真实的自己，以及过与自己的信仰和价值观相一致的生活——这才是当下最重要的事情。

价值观赋予了你生活的意义和方向，它能帮助你决定自己的行为反应以及与外界互动的方式。从某种意义上说，它就像你内心的指南针，指引你成为自己想成为的人。价值观不同于目标，因为目标是可以实现的，而价值观则是赋予你生活目标的原则、特征和活动。遵循自己的价值观生活就像是一段旅程，每一刻都是充满意义的。

下面是一些积极的价值观：

接纳——对自己和他人保持包容和开放的心态

勇气——愿意冒险和尝试新的体验

灵活——随遇而安，并且不会让事物轻易困扰到你

独立——自力更生，不过分依赖他人

善良——待人友善，体贴入微

耐心——保持宽容和接纳

权威——想成为领导者，感觉自己能掌控大局

诚实——真诚而谦逊

你需要做的

你的价值观是什么？你想成为什么样的人？在下面的空白处，画一只你的手，并在每个手指上写下你的价值观，然后在你的手掌上写下"愤怒"一词。愤怒和价值观并不会始终协调一致。在"愤怒"这个词下面，写下你的愤怒是如何让你背离你的价值观的。

你还可以做得更多

在下面的空白处，再画一只你的手，就像上个活动一样，在每个手指上写下你的价值观。这一次，在你的手掌上写下"平和"一词。在"平和"这个词的下面，写下一些方法，以帮助你接近自己所珍视的事物。换句话说，写下你该如何做才能过与自己的信仰和价值观相一致的生活。

活动	CHAPTER 5	愤怒的应对机制

33 放松的技巧

> **你需要知道的**
>
> 了解如何使自己放松是控制愤怒的重要一环。愤怒会产生紧张和压力,从而让人身心俱疲。学习放松的技巧可以帮助你在生活中最有压力的时候恢复精力和保持身心放松。

当你感到放松时,你能更容易地控制自己的愤怒情绪。放松的技巧,如深呼吸、渐进式肌肉放松法和集中注意力,都是能让你头脑冷静下来的好方法。下面是关于这三种技巧的描述。

深呼吸:你距离放松可能只有一个"呼吸"的距离。当你感到有压力时,你身体会自动开始进行快速的浅呼吸,空气没有进入你的腹部,而是停留在胸部。深呼吸又称"腹式呼吸",指的是进行充分的呼吸,以让你的腹部充满空气。试一试,慢慢地深吸一口气,直到空气到达你的腹部。这时,你会感到自己的胃开始上升。当你的腹部充满空气后,慢慢地开始呼气,把所有的空气都呼出腹部。可以有意识地每天做几次深呼吸。

渐进式肌肉放松法:你可以用这个简单易行的方法把愤怒从你的身

体里排出。找一个安静的地方，摆一个舒服的姿势，从你的脚趾开始，慢慢地一直到你的头顶，绷紧你的整个身体，包括你的双臂和双手。就这样保持一分钟的紧绷状态。然后慢慢地、平静地深吸一口气。再慢慢地呼气，让你的肌肉从头到脚慢慢放松。然后再次重复这个过程。可以根据你的需要来重复这个过程以使自己得到放松。当你完成这个过程后，你应该会感觉自己的身体像布娃娃一样柔软。你可以在任何你感到疲惫的时候使用这个技巧。

集中注意力：集中注意力指的是通过关注此时此刻发生在你周围的事情来提高你的警觉性并让自己冷静下来。为了尝试这一方法，你可以拿一瓶苏打水，倒进一个透明的玻璃杯中。然后把注意力集中于浮在玻璃杯中的气泡上。有些气泡移动得很慢，有些移动得很快，有些则只是静静漂浮着。请屏蔽掉生活中的一切噪声，只关注这些小气泡。注意每个气泡大小的变化，气泡在玻璃杯中发出的声音，以及气泡移动到玻璃杯顶部的速度。集中注意力是一个很好的方法，它可以让你从困扰中解脱出来，它还能让你的愤怒情绪冷静下来。所以，在你被自己的愤怒情绪控制之前，花一点时间，让自己专注于此时此地。

你需要做的

尝试上述每一种放松技巧。之后,比较一下你在使用这些技巧前后感受到的差异。

深呼吸:

使用之前:_____
_____
_____

使用之后:_____
_____
_____

渐进式肌肉放松法:

使用之前:_____
_____
_____

使用之后:_____
_____
_____

集中注意力：

使用之前：_____
_____

使用之后：_____
_____
_____

你还可以做得更多

在下面的四张卡片上，分别写下一个你在下次感到愤怒时可以使用的放松技巧。因为有成千上万种放松的方式，所以你也可以使用不同于上面所提及的其他的放松技巧。这样，当你需要冷静和放松时，你便有很多可供选择的技巧。在每张卡片上面，列出相关技巧的名称，然后描述一下应该如何完成这些操作。如果你想学习更多的放松技巧，可以在网上搜索"放松技巧""正念"和"冥想"等关键词，或者你也可以在你的手机上下载一个用于放松或正念的应用程序来帮助你学习更多的放松技巧。

放松技巧 #1	放松技巧 #2

放松技巧 #3	放松技巧 #4

活动 **34** | CHAPTER 5 | 愤怒的应对机制

心灵港湾

> **你需要知道的**　找到一个特殊的地方，当你陷入困境时，这个地方可以帮助你放松和理清思绪。即使这个地方并不存在于现实中，但只要能让你的思想在那里漫步，能给你一种平静的感觉即可。

　　心理表象通常也指"用心灵的眼睛去看待世界"。它能将场景形象化，并创造出一种身临其境的感觉。在令人沮丧的情况下使用心理表象可以让你从问题情境中解脱出来，并帮助你理清思路，从而让你重新集中注意力。当你生气的时候，很容易陷入愤怒的想法中去，但是如果你能休息一下并从当前的情境中逃离出来，你可能就会发现：你能将这些想法转变成更为积极有效的事物。其中一种转变的方法便是利用心理表象来创建你的心灵港湾。建设心灵港湾仅仅需要你去想象一个特殊的地方，然后让你的思想漫步其中。这个特殊的地方应该是能给你带来安宁和平静的地方。所以，无论你是想躲进卧室还是想去秘鲁的马丘比丘遗址，心灵港湾都能给你提供一个亟需的私人空间，让你远离困扰与烦恼。

> **你需要做的**

1. 想象一下：你正在一个热气球里，它能带你去一个你心中觉得特殊的地方。在下一页的气球顶部，描述一下热气球要带你去的地方。

2. 当你到达这个特殊的地方时，你可以通过密切关注周围的环境来调动自己的每一个感官。在下一页热气球的篮子里，写下你对下列问题的回答：

- 你会听到什么？比如海浪拍打着海岸的声音。

- 你会看到什么？比如棕榈树在空中随风摇曳。

- 你会闻到什么？比如草地上野花的芳香。

- 你会尝到什么？比如雪花在舌头上融化的味道。

- 你会触碰到什么？比如悬挂在树枝上的冰晶。

你还可以做得更多

创建一幅属于你的心灵港湾的画面。发挥创意，勾勒出属于你的风景，你可以用一些图片制作拼贴画，或者直接在网上搜索相关的图片。将你的作品拍照或剪切保存下来，并将其设置为屏保，或者将其保存在一个你可以经常看到的地方。当你需要从问题情境中逃离出来时，它能提醒你：你有一个属于自己的心灵港湾！

听到的：_____
看到的：_____
闻到的：_____
尝到的：_____
触碰到的：_____

活动 **35** | CHAPTER 5 | 愤怒的应对机制

象征性地发泄愤怒

> **你需要知道的**
>
> 符号是抽象的心理表达形式，对我们的生活有深刻的影响。它可以在我们需要的时候给我们带来慰藉，或者通过语言、图像或有形物品来传达意义，以帮助我们理解生活。符号可以是文化性的、代代相传的，也可以是当下创造出来的，能帮助我们应对或剔除那些不需要的想法或行为。

随着时间的推移，符号慢慢被用来帮助人们理解自己的情绪体验。例如，奥季布瓦人的父母会在孩子的床头悬挂捕梦网，以便在孩子做噩梦之前将噩梦捕捉。捕梦网的外围是一个圆环，中间是由绳子或马鬃编成的网，并在外环上装饰有珠子和羽毛等。捕梦网被认为可以将噩梦困在网的中央，而美梦则会顺着捕梦网上的羽毛流到熟睡的孩子身上。然后，在清晨，阳光会彻底消灭掉这些被捕捉的噩梦。

另一个具有象征性意象的例子是香港林村的许愿树。在过去，村民们会把他们的愿望写在纸条上，然后把它们绑在树枝上或扔到树上。写有愿望的纸条挂得越高，愿望便越有可能实现，但如果纸条掉了下来，愿望就不会实现了。(现在，为了保护许愿树，人们会将写有愿望的纸条系在附近的许愿架或人造仿真树上，这一传统今天仍然存在。)

捕梦网或许愿树并不能真正实现愿望或解决问题，但它们都是一个很好的符号，能告诉你不必一直紧紧抓着麻烦不放，你可以象征性地从麻烦中解脱出来。

你也可以发挥创造力，想出一些象征性的释放愤怒的方法。下面有几个例子：

- 给惹你生气的人写封信。在信中告诉那个人你的真实想法，然后把这封信撕成碎片。每撕一次，就想象你的愤怒释放了一部分。

- 通过在人行道或小路上慢跑或散步来发泄你的愤怒。每次当你的脚着地，就集中精力让你的一部分愤怒消失，直到你觉得你的愤怒已经完全消失为止。一旦你感觉比之前放松了，就回头看看你在这个过程中所走过的路面。当你回家的时候，想象自己把所有的愤怒都抛在了脑后。

你需要做的

　　这是一个室内活动,可以帮助你学习如何象征性地释放自己的愤怒。要完成这个活动,你需要一个气球、一些小纸条和笔。首先,在每张纸条上,写下一个你还没有释怀的愤怒想法。接下来,把每张纸条都卷起来,放进气球里。然后,慢慢地向气球里吹气,当你在吹气的时候,专注于你放在气球里的每一个愤怒想法。当你把气球吹到最大后,捏紧气球吹气口,想象里面充满了你的愤怒。然后慢慢地深呼吸两次,松开气球,让你的愤怒飞出去,看着你被压抑的愤怒想法随气球飞舞在房间里,消失在空气中。

● 在释放你的愤怒之后,你的身体有怎样的感觉?

_____

_____

_____

_____

● 在活动完成后,你的情绪怎么样?

_____

_____

_____

_____

你还可以做得更多

● 描述另外一种你可以用来象征性地释放愤怒的方法。

_____
_____
_____
_____

● 现在，请尝试一下你描述的这个方法。尝试完之后，写下你的感受。

_____
_____
_____
_____

活动 **36** | CHAPTER 5 | 愤怒的应对机制

愤怒发泄口

> **你需要知道的**　当你愤怒的时候，去做一些事情来帮你冷静下来，释放一些消极的能量是很重要的。这些活动便被称为"发泄口"，因为通过完成这些活动可以适当地疏导你的愤怒情绪。

伊森的弟弟瑞安是个讨厌鬼。如果伊森在看电视，瑞安就会换台；如果伊森在打电话，瑞安就会去打扰他；如果伊森在自己房间里，瑞安就会溜进去骚扰他。伊森经常希望瑞安别再来烦他了！

一天吃晚饭时，伊森正准备从篮子里拿走最后一个面包卷，瑞安突然伸手抢走了它，同时对伊森调皮地笑了笑。我受够了！伊森拿起一杯水泼在弟弟的脸上。伊森的母亲对他的行为非常生气，然后把瑞安送回了自己的房间。"总是我的错，他从来不会因为任何事犯错，就因为他是个'孩子'！"伊森大叫着离开了桌子。

过了一会儿，伊森的母亲来到伊森的房间。"伊森，我知道瑞安有时很烦人，但你处理愤怒的方式是不对的。你必须学会用更好的方法来释放你的愤怒，而不是把它发泄在别人身上。让我们一起想些办法，来让你既能摆脱瑞安的骚扰，又能缓解你愤怒的情绪。"伊森便和他妈妈一起列出了一份发泄愤怒的清单：

- 出去遛狗，远离瑞安。
- 把自己锁在房间里听音乐。
- 问问你的朋友是否想去骑自行车或者过来和你一起玩。
- 对着车库里的那个重袋子打一拳。
- 弹一会儿吉他。
- 去做模型飞机。

之后当伊森发现自己对瑞安生气时，他只需要拿出这个清单，并找到一个适合他当前发泄情绪的方法。伊森发现，远离这种情境比忍受折磨要好得多。另外，当他重新回到家的时候，瑞安也已经忘记惹他生气的事了，家里也就平静多了。

你需要做的

　　你在不同的地方可能会有不同的发泄愤怒的方法——你在家里使用的方法与你在学校使用的方法可能不同。思考并确定下面不同的场景下，你可以使用的发泄方法。

● 在家的时候你会使用什么发泄方法？

● 在学校时你会使用什么发泄方法？

● 在公共场合你会使用什么发泄方法？

你还可以做得更多

用旧杂志、旧报纸或网上的图片制作一幅真实的或虚拟的拼贴画。你可以剪下一些能提醒你想起"愤怒发泄口"的图片，然后粘贴在一张纸或纸板上，你也可以把它们复制并粘贴到电脑文件里。例如，如果游泳是你的"愤怒发泄口"，那么你就可以添加一张某人游泳或游泳池的图片。把你关于"愤怒发泄口"的拼贴画放在一个显眼的地方，比如在你的手机相册里，或者放在你桌子上的相框里，抑或是挂在你房间的墙上。下次在你需要发泄愤怒的时候，看看你的拼贴画，找一个最适合你当前情绪的发泄方式，然后再付诸行动。

活动 | CHAPTER 5 | 愤怒的应对机制

37 愤怒与运动

> **你需要知道的**　运动是一种减轻压力的好方法。愤怒是一种能产生巨大能量的高强度情绪。消除这些能量的好方法之一便是制定一个健康的运动方案。

有规律的运动可以帮助你应对强烈的情绪，比如愤怒。运动可以通过增强你的身体素质，帮你应对挫折情境，以保持你的身心健康，并且还能让你更清晰地思考各种状况。不幸的是，许多人没有进行足够的运动——一般来说，一个人每天应该运动60分钟。通过运动，你还可能收获以下好处：

- 控制你的体重

- 提升你的精力

- 让你感到情绪更加稳定

- 晚上有一个好的睡眠

- 释放你压抑的情绪

• 改善你的心情

• 增强你的自信

运动有如此多的好处，你还有什么犹豫的呢？其实，运动只是一件很简单的事，关键是要行动起来！

你需要做的

浏览下面的运动列表,圈出那些能轻松加入你的日程表的运动项目。如果你在下面的列表中没有找到你喜欢的运动项目,那么可以在横线上写出其他运动项目。尝试多圈出几个运动,多样的选择对你而言也是很棒的。

有氧运动

- 长板冲浪
- 网球
- 篮球
- 武术
- 排球
- 跑酷
- 散步
- 攀岩
- 举重

循环训练法

- 骑自行车
- 旱冰曲棍球
- 摔跤
- 跳舞
- 溜冰
- 瑜伽
- 越野自行车
- 划船
- 美式橄榄球
- 英式橄榄球
- 飞盘

混合健身

- 跑步
- 体操
- 滑板
- 远足
- 足球
- 跆拳道
- 游泳
- _____
- _____
- _____

有氧运动:人体在氧气充分供应的情况下进行的体育锻炼。

循环训练法:运动员按规定的顺序、路线,依次循环完成规定的练习内容和要求的训练方法。

混合健身:是一种将体操、举重等动作组合在一起,以高强度、无间歇或短间歇的训练方式来发展练习者综合运动能力的训练体系。

你还可以做得更多

在下周，你可以计划每天至少锻炼 60 分钟。或许你会有几天比其他几天更忙，所以如果你需要，在较忙的时候把 60 分钟的运动时间分成两个 30 分钟的运动时间也是可以的。最重要的是，你要在你的生活中进行一些运动。写下你的计划，并努力坚持下去。请密切关注每天的运动是如何改变你的感受的。

我的锻炼计划			
	锻炼时间	所做的运动	锻炼后的感受
星期一			
星期二			
星期三			
星期四			
星期五			
星期六			
星期天			

活动

CHAPTER 5 | 愤怒的应对机制

38 创造性地表达愤怒

> **你需要知道的**
>
> 艺术性地表达愤怒可以帮助你应对自己的愤怒情绪。当你通过艺术来表达自己的时候，你就能创造性地打开自己内心深处的大门，并创造出一幅属于自己的杰作。

通过艺术来表达愤怒等情绪并不是一个新的概念。艺术家们一直在他们的艺术作品中表达着愤怒，包括音乐、诗歌、素描和油画等。愤怒的能量可以产生激情，而激情是一种寻求表达的强大而又不可阻挡的情感。艺术是释放内在自我的一种美妙而富有创造性的方式。艺术有很多种形式，例如：

- 作曲
- 作词
- 烹饪
- 木工
- 视频创作
- 写作
- 素描

- 油画
- 摄影
- 制作陶器
- 其他艺术形式：_____
- 其他艺术形式：_____
- 其他艺术形式：_____
- 其他艺术形式：_____

你需要做的

你的艺术表现形式是什么？完成下面的题目，以释放你的创作天赋！阅读并回答每个问题，在这个过程中，你可能会发现自己具有多种艺术天赋。

● 如果你能成为任何一种艺术家，你想成为哪一种？例如，你想成为画家、舞蹈家、演员、糕点师、音乐家还是作家？

_____

_____

_____

● 你喜欢通过音乐来表达自己吗？如果喜欢，你最近创作、演奏或演唱了什么音乐？

_____

_____

_____

● 你喜欢亲手建造或制作物品吗？如果喜欢，你最近制作了什么东西？

_____

_____

_____

● 你喜欢在厨房里做饭或制作甜点吗？如果喜欢，你最近做了什么菜或甜点？

● 你喜欢跳舞吗？如果喜欢，你最喜欢什么风格的舞蹈？

● 你喜欢表演吗？如果喜欢，你最近出演了什么角色，或者你一直想扮演什么角色？

● 你喜欢写作吗？如果喜欢，你最近写的一篇文章的题目是什么？

● 你喜欢创作电影作品或视频吗？如果喜欢，你的最新力作是什么？

● 你喜欢为别人、风景或事物拍照吗？如果喜欢，你最爱的一张照片是什么？

● 如果你的艺术天赋在上面没有提及，请在下面描述一下你的艺术天赋。

● 回顾你在上面的活动中所发现的自己的艺术天赋，你多久从事一次相关的活动？
　□ 一周 1 次
　□ 一个月 4～6 次
　□ 一个月 2～3 次
　□ 一个月 1 次
　□ 一个月不超过 1 次

● 你想花更多的时间从事这些活动吗？如果想，又是什么让你不能经常这样做呢？

● 描述你该如何利用你的艺术天赋来帮助你应对愤怒。

你还可以做得更多

确定两种具有艺术性和创造性的方式来表达你的情绪。列出完成相关活动所需的物品清单。看看哪些是你家里已经有的。而家里没有的物品，就用这个清单作为提醒，下次去商店的时候再买。把这些物品放在一个方便的地方，这样下次当你需要发泄愤怒的时候，你就可以通过艺术来创造性地发泄了！

艺术活动名称：_____

物品清单：_____

_____

_____

_____

_____

艺术活动名称：_____

物品清单：_____

_____

_____

_____

_____

活动 | CHAPTER 5 | 愤怒的应对机制

39 笑对愤怒

> **你需要知道的**　幽默是缓和紧张气氛和化解愤怒的一种很好的方式。它不仅可以让你的暴脾气冷静下来，而且一场爽朗的大笑对你的健康也有好处。

　　没有什么能比开怀大笑更好了！笑可以减轻压力，提高内啡肽（这是一种能让你心情愉悦的激素）水平。回忆一下：你最近一次又好笑又生气是在什么时候？微笑和愤怒就像油和水——它们是互不相溶的。当你快乐的时候，你就很难生气，因为快乐和愤怒处于情绪的两个极端。

　　你可以利用自己的幽默，为紧张的气氛注入一点笑声。如果你试着用幽默诙谐的方式来处理一个让你愤怒的情境，可能就会有不同的结果。回忆一下你最生气的时刻，你可能会发现，你所说的或所做的一些事情是很好笑的。与其等到事后才发觉这些，为什么不在当时的情境中去寻找幽默感呢？当然，你是可以找到的——如果你有意地去寻找的话。所以，下次当你生气的时候，停下来问问自己，现在的情况是不是也有搞笑的地方？

你需要做的

　　蔡斯的爸爸已经两次提醒蔡斯出去扔垃圾了。蔡斯也知道自己不得不去做这件事,但他现在玩电子游戏正玩在兴头上,不想被别人打断。在听到父亲的第三次提醒时,蔡斯扔下了手柄,冲进厨房。他一边喘着粗气,一边使劲把垃圾袋拽出来,结果垃圾袋被弄破了,垃圾洒了厨房一地。更糟糕的是,蔡斯因为踩到了晚上的剩饭而滑倒了!当他的父亲走进厨房,想看看发生了什么事时,他发现蔡斯正倒在一堆垃圾中间。

- 给这个故事写一个结局,指出如果蔡斯和他的父亲继续让愤怒主导自己的情绪,最后会发生什么。

_____
_____
_____

- 接下来,另外写一个结局,指出如果蔡斯和他的父亲用幽默与笑声来应对这件事情,最后会发生什么。

_____
_____
_____

你还可以做得更多

- 回忆一件让你感到愤怒的事情，描述当时的情境以及你做了什么。

- 想象一下，在当时的情境下，你能够发现的幽默与好笑之处，并重写你的相关体验和经历，最后的结果可能会有所不同。

活动 **40** | CHAPTER 5 | 愤怒的应对机制

自由写作

> **你需要知道的**
>
> 表达你的情绪是应对它们的重要一步，自由写作是释放你内在自我的一个好方法。在自由写作中，重要的是自由地写下任何你想写的东西，而不需要注意语法、拼写、标点或是否整洁等。

你想知道一个解决生活问题的小秘诀吗？那就是把问题写下来。在你写作的时候，你大脑的右半球（主要负责创造性的半球）与左半球（主要负责理性、分析的半球）便会联系起来。想象一下你在拼图时：你的左半球会帮助你制订一个计划来完成拼图，右半球则会帮助你想象每个部分的颜色以及它们最终如何形成一幅完整画面。你需要左右半球的协同合作才能完成拼图，生活也是如此。

写作是一种能帮你整理自己的想法和感受，并想出问题解决策略的方法。如果你从未尝试过自由写作，那么你可以通过给自己写信来开始尝试这种方法。虽然听起来很傻，但给自己写信可以让你从不同的角度来创造性地看待问题。记住，没有人会给你的作品评分，所以尽情地自由发挥吧！

你需要做的

给自己写封信。在信中写上那些让你不开心的、失望的或想改变的事情。谈谈为什么愤怒对你来说是一个问题，为什么你想以不同的方式处理它。

当你写完这封信后，将它复印一份，然后把复印件放进一个信封里。把信封放在安全的地方，并在六个月后打开它。你可能会对自己做出的改变感到惊讶！

○	亲爱的＿＿＿＿＿＿（你的名字），
○	
○	
	爱你的＿＿＿＿＿＿（你的名字）

你还可以做得更多

笔和纸都是很好的工具！当你写作时，你大脑的右半球会把你的情绪和情感编织成文字，而左半球则开始扫描所有的信息，看看是否能帮你把这些信息点联系起来。当左右半球协同工作时，它们是一个强大的智力系统，可以共同努力以解决你的问题。每天留出一些时间来写下你的想法、感受和体验。有些人喜欢把他们的想法写在私密笔记本上，就像日记一样，有些人则喜欢把想法保存在电子设备上。无论你决定将你的作品保存在哪里，请确保它们在一个安全的地方，没有人可以看到。你写的作品不是为了给别人阅读的，除非你想让别人阅读，但这些都是你自己做出的选择。

CHAPTER 6

结语

活动 | CHAPTER 6 | 结语

41 回顾你的进展

> **你需要知道的**
>
> 当你第一次翻开这本书时，你可能很难应对自己的愤怒情绪。但通过完成书中一系列的活动，你已经学到了几种能更加有效地管理自己愤怒情绪的方法。

现在，你可能已经发现了自己所产生的改变，你身边的人也注意到了你的变化。你从本书中学到的东西不能让你永远不再体验到愤怒情绪，但我希望你能更好地管理自己的情绪和感受。当你投入了大量的努力来提升自己时，花时间去认可你已经走出去的每一步，并且看看你已经走了多远的路便成了很重要的事！

你需要做的

1. 对于下面的每句话,请选择与你自身情况最符合的一个选项。

通过这些活动,我对愤怒的反应得到了改善。

1	2	3	4	5
非常不同意	不同意	中立	同意	非常同意

我相信,我能更好地理解那些令我生气的情境了。

1	2	3	4	5
非常不同意	不同意	中立	同意	非常同意

一般来说,我感到非常愤怒的频率是_____。

1	2	3	4	5
每天如此	几乎每天如此	一周一次	两周一次	一个月一次

2. 阅读下面每个句子,结合自身情况,选择"是"或"否"。

别人有注意到我处理挫败情境的方式与以往不同了。	☐ 是	☐ 否
我掌握了处理愤怒情绪的不同方式。	☐ 是	☐ 否
在愤怒的时候,我会寻求他人的帮助。	☐ 是	☐ 否

我知道我可以改变自己应对愤怒情境的方式。	□ 是	□ 否
我对自己控制愤怒的能力更有信心了。	□ 是	□ 否
我经常觉得自己是受害者。	□ 是	□ 否
我经常觉得没有人能理解我。	□ 是	□ 否

你给自己的评分越高,你在表格中选择的"是"越多(前5项)或"否"越多(后2项),那么你在愤怒管理方面的进步就越大。但真正的问题是:你注意到这些变化了吗?

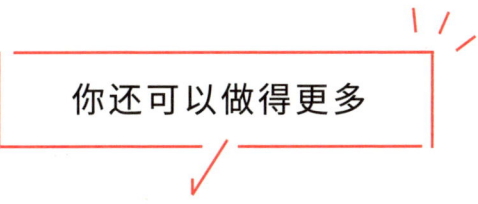

回顾本书中的活动 3，并比较你现在的回答与你当时的回答。

● 你在哪些方面有所进步？

● 你认为你在哪些方面还能做得更好？

活动 **42** | CHAPTER 6 | 结语
成就证书

祝贺你，你成功做到了！通过完成本书中的所有活动，你已经取得了很大的成就。希望现在的你已经知道了：

- 你的愤怒是如何对你产生影响的

- 你的愤怒是如何被诱发的

- 你的家人是如何影响你对愤怒的反应的

- 你的身体是如何对愤怒做出回应的

- 如果合理利用，愤怒是如何成为一种有益的情绪的

- 如何在愤怒压倒你之前就化解它

- 如何透过你对冲突的看法去理解愤怒的不同方面

- 如何有效地表达你的愤怒

- 你如何发现生活中的困扰并积极改变它们

为了祝贺你完成了本书所有的活动，请填写下一页的成就证书。你可以剪下来把它张贴在你经常可以看到的地方，并以此提醒自己：改变是可能发生的！